做高效父母，

为孩子的未来护航

智囊团◎著

中国铁道出版社有限公司
CHINA RAILWAY PUBLISHING HOUSE CO., LTD.

图书在版编目（CIP）数据

做高效父母，为孩子的未来护航 / 智囊团著. —北京：中国铁道出版社有限公司，2024.7
ISBN 978-7-113-31204-6

Ⅰ.①做… Ⅱ.①智… Ⅲ.①家庭教育 Ⅳ.①G78

中国国家版本馆 CIP 数据核字（2024）第 086831 号

书　　名：做高效父母，为孩子的未来护航	
ZUO GAOXIAO FUMU, WEI HAIZI DE WEILAI HUHANG	
作　　者：智囊团	
责任编辑：巨　凤	编辑部电话：(010) 83545974
封面设计：仙　境	
责任校对：安海燕	
责任印制：赵星辰	

出版发行：	中国铁道出版社有限公司（100054，北京市西城区右安门西街8号）
印　　刷：	河北燕山印务有限公司
版　　次：	2024 年 7 月第 1 版　2024 年 7 月第 1 次印刷
开　　本：	880 mm×1 230 mm　1/32　印张：5.75　字数：100 千
书　　号：	ISBN 978-7-113-31204-6
定　　价：	59.00 元

版权所有　侵权必究

凡购买铁道版图书，如有印制质量问题，请与本社读者服务部联系调换。
联系电话：(010)51873174，打击盗版举报电话：(010)63549461

前言

家庭教育,既是家庭之要务,又关乎人才培养与国家未来,须审慎对待。孩子们带来了欢乐与希望,然而爱之深者责之切,伴随而来的往往是种种困惑与迷茫。家庭教育可简至顺应天性、任其自由成长,正如"儿孙自有儿孙福",孩子各有其路;亦可繁至洞察时代脉络、探寻人生意义,乃至深入理解与思索社会生活。

当下,家庭教育日益受到父母们的关注,他们通过阅读等方式汲取了诸多教育理念。然而,尽管许多家长在理论上知晓诸多教育原则,一旦面对现实生活,却往往无所适从,不知如何践行。

何为家庭教育的有效解决方案?真正的家庭教育,绝非仅涉及方法选择,其背后更包含深层观念与价值取向的考量。

做高效父母，为孩子的未来护航

我也曾对家庭教育中的某些问题感到困惑与不解，故而潜心研究其解决之道，甚至涉足心理学、NLP（神经语言程序学）、脑科学、职业规划等领域。历经多年探索，我发现了家庭教育中诸多问题的答案和一些尚未被充分认识的秘密。

家庭教育其实是由生活中的琐碎点滴事件构建而成，关键在于我们如何妥善应对并处理这些事情，让孩子在不同的环节中健康成长，逐步树立自信、锻炼思考力，从而感知生活的美好与快乐。

现今，多数父母最为关注的往往是择校、成绩等话题，谈及哈佛、剑桥或清华、北大的学子，不禁好奇其教育方式，甚至心生艳羡，期盼自家孩子亦能成为如此人才。

我想告诫诸位父母：人生并非独木桥，未能进入顶尖学府的孩子同样拥有成才之路。每个孩子都能通过各自途径找寻未来成功的契机，同样能收获满足与美好的人生。

尽管大多数父母都明白这些道理，但在面对自家孩子时，却往往难以保持那份理智的坦然，即使道理常被清晰理解，付诸实践时却又似是另一码事。这种理想与现实间的矛盾与挣扎，往往只有身为父母多年后方能深切体会。

知与行的距离有时确实鸿沟难越。家庭教育本质上是一项综合而复杂的工作，其难度远超表面所见。这不仅需要

前言

父母们在日常生活中寻觅具体应对策略与实施方法,更需对人生有深刻理解,对社会万象有透彻洞察,方能有效助力孩子成长。

一旦理解了某些关键的家庭教育原则与方法,在教育孩子的实践中,一切就会变得简单、轻松且充满乐趣。我期待每位父母都能成为这样的教育者,不仅能达成培养孩子的目标,更能使亲子相伴的全程成为人生中最美好、幸福的部分。

那么,我们应如何引导孩子,使其无论身处何种基础与环境,都能遵循个性、发挥所长,快乐地进步与成长呢?

我们应成为怎样的父母呢?民主的?开放的?严谨的?聪明的?自然的?答案或许多元。我认为,"高效"一词或许更合适,也更易实现良好成效。

高效意味着兼具高效率与好效果,尽管方法途径各异,但追求优质成果的目标始终如一。每位父母都有独特的风格、经验和期待,但使家庭教育实现高效,无疑是一个相对共通的标准。

在认知世界与应对万事万物的过程中,提升效率被视为最根本的动力与目标之一。科技进步、工具创新等,终极目的皆在于提升效率——即以更轻松、便捷的方式实现目标。实现高效,能有效改善工作与生活质量,达成所愿。

做高效父母，为孩子的未来护航

　　本书汇集了多年来我接触的众多家长与学生的案例，分享了我教育孩子的经历及相关的理论体系与实践方法。人生之旅，快乐与困扰交织，我们不能仅期待孩子未来的辉煌，更要走进他们的内心世界，共同品味每一丝幸福、痛苦、迷茫、徘徊与峰回路转。

　　本书将以故事、案例、实操方法、原理解析等形式，为父母们破解家庭教育矛盾的密码，指导父母们在生活中如何恰当地给予孩子所需，助其最终采撷人生的丰硕果实。

　　诚挚邀请您在闲暇时翻阅此书。书中难免有疏漏，但若其中任何一句话、一段故事、一种观念或方法能为您带来启示，便已实现了它的价值。

智囊团
2024 年 1 月

目 录

第一章 做高效父母,成为孩子的高级顾问 ……… 001
1.1 找到高效解决问题的方法 ……………… 003
1.2 深化家庭教育理念,理解家庭教育本质 …… 006
1.3 四个关键步骤,助你成为高效父母 ………… 009
1.4 当"好"父母,管"好"孩子 ………………… 015

第二章 给动力:内动力、外动力,让孩子自动自发 …… 019
2.1 明白真正的内驱力,让孩子充满动力 ……… 022
2.2 穿越兴趣的迷雾,让兴趣成为助力而不是
　　阻力 …………………………………………… 029
2.3 良性亲子关系,给孩子加上源源不断的
　　燃料 …………………………………………… 036

2.4 外部动力如何让孩子快乐持续地做事 ……… 043

2.5 梦想是孩子动力的源泉 …………………… 050

第三章 塑能力:培养能力有方法,学会方法谁都会 …… 056

3.1 一个模型,帮助父母更好地了解孩子 ……… 057

3.2 想让孩子多才多艺?请掌握标准流程 ……… 065

3.3 心中有数:培养通用能力,破除游戏的迷局 … 070

3.4 眼中有人:学会处理关系,让老师成为朋友 … 076

3.5 脚下有路:解决卡点才能让孩子拥有行动力 … 079

第四章 知心理:解决更深层的问题,孩子才会更有力量 ……………………………………………… 085

4.1 父母焦虑、孩子抑郁,解决方案在哪里 ……… 086

4.2 苦口婆心讲道理,为什么孩子总不听 ……… 092

4.3 孩子不愿交心?学会沟通才能让孩子愿意听 …………………………………………… 096

4.4 学会以不同视角来看待问题 ………………… 099

4.5 高级沟通技巧,学会解决孩子的各种难题 …… 101

目 录

第五章　帮学习:破解学习的密码,学会学习,超越学习 …………………………………………… 106

5.1　不爱学习? 找到原因并激发兴趣 …………… 108

5.2　一个公式破解学习的底层逻辑,让学习不再成为难题 ………………………………………… 110

5.3　看清影响学习的三大原因 …………………… 114

5.4　用三大策略,攻克学习的高山 ……………… 118

5.5　功夫在诗外,留下更多的空间孩子才能走得更远 ………………………………………………… 121

第六章　抓关键:找到触动孩子的机关,培养孩子不再难 ……………………………………………… 127

6.1　寻找更有效的教育方法,破解成长过程的疑难 ………………………………………………… 128

6.2　抓住关键环节,打牢人生的底座 …………… 134

6.3　不要把"不懂"和"忙"作为忽视家庭教育的借口 ………………………………………………… 142

6.4　把握三个重要的理念,重新理解家庭教育 … 146

6.5　发现孩子世界中不一样的风景 ……………… 152

第七章 筑远见：看到未来，让孩子具备走向社会的能力 ················ 157

7.1 看到隐藏能力，孩子也能解决人生的难题 ··· 159

7.2 普通家庭可以提供的外援，进入社会不能靠单打独斗 ················ 160

7.3 项目式学习，没有充分的条件，也能让孩子体验社会 ················ 166

7.4 父母"活明白"了，孩子的事情可以迎刃而解 ················ 168

7.5 释放潜能，让孩子的未来有无限可能 ········ 170

第一章

做高效父母,成为孩子的高级顾问

快乐的家庭家家相似,烦恼的家庭各有各的不同。在长期协助家长解决家庭教育问题的过程中,我接触了来自各行各业的父母,既有政府官员、企业精英,也有专业人士,但更多的,是那些默默耕耘的普通工薪阶层。他们所面临的教育难题形态各异,解决之道亦需因时制宜,灵活应对。

历经沉淀与反思,我逐渐提炼出一张家庭教育的"导航图",其中涵盖了四个关键点、一条主线和一个终极目标。

四个关键点分别是:正确认知、练好内功、学会方法和校正结果。正确认知是指父母对教育本质、孩子特性和时代背景的深刻理解;练好内功是指父母在自我修养、情绪管理、沟通技巧等方面所积累的内在实力;学会方法是指父母在引导孩子成长过程中,运用的符合教育规律、适应孩子特点的有效策略;校正结果是指需要关注的最终结果。

一条主线即高效教养的六步路径:给动力、塑能力、知心理、帮学习、抓关键、筑远见。这条路径旨在激发孩子的内驱力,培养其各方面的能力,理解并关照其心理需求,有针对性地协助其学习,识别并抓住成长关键节点,以及引导其形成长远视野。

一个终极目标,即我们希望通过以上工具的运用与路径的引导,最终能够高效达成理想的教养结果,即培养出身心健康、人格健全、具备竞争力和社会责任感的孩子。

我将这张高效教养导航图形象地描绘为:父母头顶着正确的教育认知,左手握着深厚的内功,右手运用科学的教育方法,心中有结果,脚踏着给动力、塑能力、知心理、帮学习、抓关键、筑远见的六步路径,坚定地朝着培养出色下一代的

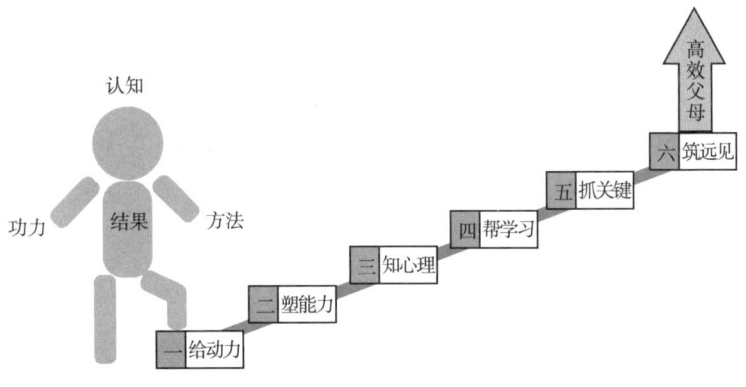

父母高效教养导航图

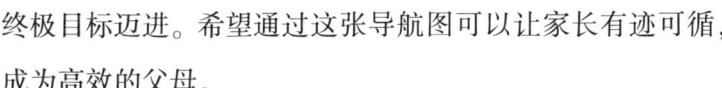

终极目标迈进。希望通过这张导航图可以让家长有迹可循,成为高效的父母。

1.1 找到高效解决问题的方法

世间万物皆有更佳的解决之道,只是我们往往欠缺一双慧眼去发现。过去的我亦如此,面对家庭教育中孩子的某些问题与行为,虽试过诸多方法,但仍觉困惑不已。直至我拓宽知识视野,积累更多阅历,才意识到方法之于问题解决的关键作用。许多看似棘手的难题,只需稍做方法调整,便可峰回路转,豁然开朗。

人们常执着于某种根深蒂固的观念,对改变的可能性抱持怀疑,宁愿坚信世界本就如此。在面对无法逾越的困境时,他们只能无奈叹息,甚至深感痛苦。

在家庭教育中,父母往往倾向于以自我观念和期待来塑造孩子,结果却往往与预期背道而驰,甚至适得其反。

解决问题的方法纷繁多样,有的看似深奥,实则易于理解;有的玄妙,难以言传,只能意会;有的看似平淡无奇,却能产生意想不到的效果。让我们通过一个实例,感受方法的魅力所在。

初中生小O在一场考试后陷入了困扰。尽管他的总成绩尚可,但他却对自己颇为不满,原因在于一些本应答对的题目,却因一时粗心失分。他面露不悦,情绪低落。我建议他最好能自己找到问题的根源。

小O表示,他考试前因睡前思绪纷飞而致使睡眠不足;加之考试卷前面的部分难题较多,内心感到紧张,导致发挥欠佳。对此,我与他展开了下面的对话,以帮助他缓解考试紧张情绪。

我:"考试中,你也有过不紧张的时候吧?"

小O:"是的。"

我:"那你认为在什么情况下不会紧张呢?"

小O:"遇到题目简单的时候,我就不紧张,答题速度也会很快;考试前休息得好、精神状态好的情况下也不紧张;还有,提前准备好各种考试用品,也能让我感到安心。"

我:"很好!你是怎么做到不紧张的呢?"

小O:"我一般会先解答简单的题目,遇到难题就先空下,为了保证题全部答完,我在做简单的题时速度会很快;会提前准备好所有考试用具;还会注意调整作息,保证充足的休息。"

> 我:"太棒了！如果每次考试都能有意识地运用这些方法,你觉得会怎样?"
>
> 小O:"这样,我能更熟练地运用这些方法,尤其在重要的考试中,更不会忘记应用。"
>
> 接着,我同样引导他思考关于睡眠不佳和思绪纷扰的问题,他也提出了自己的解决方案。我们还一起归纳总结了这些方法,如提前备齐考试用具、合理安排作息、掌握考试技巧等。

在这个过程中,我并未向小O提供任何全新的方法或思路,而是引导他回顾并整理自己已使用过或了解过的方法与经验。他甚至未曾察觉,这些解决问题的方法与路径——即运用已掌握的知识与技能去应对各类挑战与困难!

通过这个案例,我们看到:当孩子在生活或学习中遭遇问题时,父母不必急于给出答案或解决方案,而应通过引导与启发,协助孩子自主寻找解决问题的方法与途径。如此一来,不仅能培养孩子独立思考与解决问题的能力,还能增强其自信心与自尊心。

人往往容易陷入认知盲区,许多答案其实早已存在于我们的脑海中,只是需要有人帮助我们看清,使之更具说服力,更贴近个人需求。因为这些方法是我们实践过的,自然更容易接纳和运用。

当我们一味试图将自己的认知"灌输"给孩子时,由于双方知识与经验的差异,孩子往往难以心领神会。一旦孩子被消极情绪裹挟,便会陷入恶性循环,认为自己无力解决问题,情况愈发恶化。

因此,挖掘个体自身的潜力,找寻藏于内心的答案,是高效解决问题的重要途径之一。这种方法不仅适用于家庭教育中,同样适用于生活与工作的其他领域。

1.2 深化家庭教育理念,理解家庭教育本质

近年来,家庭教育议题日益凸显于公众视线。通过对各类案例的观察与记录,我发现一些典型现象。部分家庭选择为子女聘请各科家教,旨在提升其学习成绩。然而,实际效果并不总是如人所愿。有时,孩子会对家教产生抵触心理。比如,有的孩子私下抱怨父母"一点儿都不理解我们的痛苦,就知道给我们请家教",这折射出他们对父母教育方式的不满。

再比如,一位事业有成的母亲发现孩子在学校中表现出情绪低落、不说话、对学习也不上心等特征,于是就带着孩子去医院咨询。医生让孩子做了一系列检查后,确定孩子有抑郁状态。值得关注的是,这位母亲并未将责任归咎于孩子,而是开始反思与孩子的沟通方式和教育方式,并寻求专业援助。

上面这两个小例子只是家庭教育过程中出现的部分问题,其复杂性可想而知。家庭教育问题并不能简单归因于父母或孩子一方,而需综合考虑家庭氛围、孩子个性、学业压力、社会环境等诸多因素。为有效解决这些问题,父母必须深入了解各自家庭及孩子的独特情况及其面临的具体挑战。

现代社会,家庭教育理念如雨后春笋般涌现,尤其近年来,各种新观念、新方法层出不穷。然而,家庭教育在实践中却展现出千差万别的效果。

每个家庭与孩子均有其独特性,因此,家庭教育无法采取"一刀切"的方式。父母们的首要任务是厘清家庭教育的本质及其运作机制。

多年家庭教育实践使我深刻体会到其复杂性,并形成了这样一个观点:家庭教育关乎人成长的方方面面,几乎涉及所有与人有关的命题。所以家庭教育的本质就在于理解和把握人的成长规律,并进行有效引导。家庭教育的目标是让孩子找到最适合自己的生命发展方式,实现与外界的和谐相处和相互促进。

家庭教育之所以复杂,是因为它关乎对人、社会与生活的理解。而人的复杂性与多样性,更使家庭教育充满挑战。唯有深入理解人,家庭教育方能有据可依。

对"人"的理解,我有两个层面的解读。首先,人的行为由思想塑造,不同的思想孕育出不同的人格。因此,家庭教育的核心在于塑造并传递清晰、积极的思维给孩子;其次,人具备整合各类信息并迅速形成判断的独特能力,这种能力体现了人的创新、创意与灵感,是家庭教育亟待强化的培养方向。

在当今科技日新月异的时代背景下,我们更应思考如何培养孩子的这些核心素养。随着人工智能等技术的广泛应用,大量机械化工作将被替代,人的创新、创意与灵感将变得尤为重要。

面向未来,我们不仅需要帮助孩子发掘兴趣与潜能,发挥特长与天赋;而且还要与时俱进,以更宽广、多元的视角理解孩子与人生。

然而现实中,有些家长往往以单一视角看待孩子,将其视为"完美人""动物人"或"机器人",忽略了孩子的个性与需求,导致孩子反感、抵触,甚至引发家庭矛盾。

我们必须认识到,每个孩子都是独一无二的个体,他们有自己的思想、情感与需求。我们应尊重孩子的个性,赋予他们适度的自由与空间去发掘和发展自己的潜力与才华。

家庭教育的成效在很大程度上取决于家长自身的素养与理解力。作为家长,我们需持续学习与进步,提升教育素养与能力。唯有如此,我们才能更好地引导孩子成为身心健康、自信、有责任感的人。

1.3 四个关键步骤,助你成为高效父母

高效的父母,是那些能够化繁为简,深刻理解并灵活运用家庭教育基本原则的人。他们通常具备以下三个特征:一是对基本教育概念有深刻的理解;二是擅长提炼与总结有效方法;三是具备持续自我提升与转变的能力。

如何成为高效的父母?这里提供四个关键步骤:正确认知、练好内功、学会方法、校正结果,以帮助家长开启高效育儿之路。

1.3.1 正确认知

> 小A已是初二学生,但母亲对其管束极严,一旦看到他外出玩耍便忧心忡忡。只要小A回家稍晚一会儿,母亲便会拨打电话四处询问他的行踪。她担忧孩子结交不良朋友,担心孩子遭遇危险,担心孩子沉迷游戏。甚至有一次,她突击闯入孩子与同学玩耍的房间,现场"抓包"孩子偷玩游戏。提及此事,她颇感得意:"我说你玩游戏,你还不承认,现在被我抓到了,看你还怎么狡辩!"

这个案例恰好反映出一些父母在面对孩子问题时的错误认知,即未能遵循基本教育原则。在帮助这位母亲时,我着重强调了人与人之间建立关系的核心——信任,父母应当信任孩子。她立即反驳:"怎么可能,这孩子满嘴谎言,从不实话实说。我要是信任他,任其胡来,那还得了?"

后来,我告诉她:"孩子为何撒谎?因为他害怕说实话会遭受惩罚,尤其是当他诚实相告,你却选择不相信。既然无论如何都无法赢得信任,孩子便无所谓了,或许说些假话还能免去麻烦。"

听了我的分析,这位母亲尝试做出改变,耐心与孩子沟通,让孩子理解父母的初衷,无须用撒谎来对抗。最终,他们母子关系变得缓和。

这位母亲对孩子的过度反应源于其对某些事物的认知误区,如"世界充满危险,必须处处提防""孩子必须严加管教,否则无法无天""人与人之间难以相互信任,必须时刻警惕与监督"等。这些观念虽有一定合理性,却过于片面,忽视了世界的友善面、孩子的积极面以及人际交往之间基本信任的可能性。

因此,父母不应仅凭表象断定孩子存在问题,而应多反思自身认知,理解孩子的想法。

1.3.2 练好内功

小B同学是名六年级学生,其母亲忧心忡忡地带她来找我。母亲跟我倾诉:"孩子小时候记忆力极佳,即便不理解诗词文章含义也能迅速记住。现在年龄渐长,记忆力却似乎越来越差。我每日督促她背诵的内容总记不住,我认为她就是偷懒、不专注。眼看就要小升初了,她的成绩却开始下滑。老师,这是什么原因?该怎么解决?"母亲看着孩子,带着责备的语气一口气说完。

听完母亲的描述,我详细询问了孩子过去记忆的内容及当前遇到的具体困难,并让孩子举例说明。我发现导致孩子问题的原因并非记忆力衰退或不够专注,而是随着年级升高,学习内容与要求发生变化,逐渐从机械记忆转向理解性记忆。同时,孩子在成长过程中,思维活动增多,考虑的事情也日渐增多。

我将这些情况告知母亲,并教授孩子一些记忆技巧。如记忆数学公式时,可以设想自己是数学家,理解公式推导过程并在例题中加以运用;记忆语文知识时,可想象自己是作者,身临其境;还可将关键知识点转化为图像,按顺序编成故事串联记忆。

小B听完我说的话后,眼睛里像有束光一样,立即尝试运用新方法记忆,记忆难度大大降低。母亲这才恍然大悟,不再指责小B,转而关注更多记忆技巧的研究。

在教育孩子的过程中,家长往往希望孩子掌握特定技能,如思维、记忆、专注等。然而,多数家长并未真正理解这些技能背后的原理。在帮助孩子提升技能时,我会先用通俗易懂的方式讲解相关能力的基础概念并结合生活事例举例说明,如记忆分为短时记忆、长时记忆和自动化记忆,每种记忆都有对应的方法。让孩子在实践中体验和应用这些方法,逐渐深化理解,最终形成适合自己的记忆方式并自如运用。

高效的父母更应注重探究原理而非表面现象,以此提高效率,实现预期效果。这就是我所说的"内功"。这就是我所说的"内功",正如武术中的一句话,"练武不练功,到老一场空"。家长与孩子都需要练好基本功,在进行任何实际操作前,先引导孩子理解原理,这样孩子就能更好地触类旁通,灵活解决问题。

1.3.3 学会方法

> 小C是名高一学生。初中时期,她的成绩一直优秀,深受同学、父母和老师的认可。然而进入高中后,小C发现自己的成绩与其他同学的差距逐渐拉大,这让她焦虑不安。尽管她投入大量时间学习,试图迎头赶上,但感到越来越疲惫。
>
> 父母因她成绩下滑而责备她,这让小C情绪低落,对学习与生活失去热情。她渴望得到关爱与理解,却不知如何表达需求。

小C的情况十分常见。高中课程难度提升,更需要运用思维,深度思考,而非初中时单纯依靠努力和死记硬背就能应对。然而，面对困难时，她并未得到及时有效的帮助，反而遭遇责备与批评。

这极大地打击了她的价值感与自尊心，使她开始怀疑自己，每日在压力和焦虑中度过，影响了后续考试的表现。

很多时候，父母在教育孩子时仅停留在问题的表面，将问题简单归咎于是否努力、是否认真。

对于小C的情况，我帮助她梳理了高中与初中学习方式的差异，告诉小C一些提高记忆效果的学习策略，比如联想记忆、定期复习、画图记忆等，并与父母沟通，让他们更多关注孩子面临的具体困难，设法帮助解决，而非仅因成绩不佳而责备她。

最终，小C调整了学习方法，感受到父母的关爱与理解，逐渐找回对学习的信心。

万事皆有方法可循，没有最好，只有更适合。观念一变，海阔天空；方法一变，峰回路转。我想传达给父母的理念是：很多问题并非单靠辛苦和努力就能解决。

高效的父母善于创新、运用方法。本书提供了许多经过实践检验、创新应用的方法，并将其归纳为模型、公式等，使之更易于理解和操作。同时，通过案例展示对原理进行解读，方便家长理解和应用。因此，本书可视作一本方法论书籍,掌握这些方法,就能更好地解决各类问题。

1.3.4 校正结果

高效的父母更关注最终结果。无论采用何种理念、方法,其目的都是为了实现预期目标。所谓"以终为始",即强调效果高于一切理论。家长只有明确最终目标与方向,才能更好地规划实现路径,使付出与努力更具效率。当然,在追求结果的过程中,还需注意目标选择与方向问题。若目标设定错误,所有努力都可能变为无效的弯路。

1.4 当"好"父母,管"好"孩子

人生宛如一部戏剧,虽然"演技"之说略带戏谑,但若将生活视为一场宏大的舞台剧,父母与孩子无疑是剧中不可或缺的两大主角。如何精彩演绎父母角色?又如何全方位深入理解孩子的角色?这两个问题构成了家庭教育的基石。

1.4.1 如何出色地扮演父母角色

父母在家庭中往往肩负着管理和引导的责任。然而,一

些父母的管理方式却令人不得不感叹,让原本充满活力、怀揣梦想的孩子,在过度管控之下仿佛被束缚的雄鹰,无法翱翔蓝天。这并非源自父母的恶意,而是他们尚未寻得适宜的教育之道。

若将家长比作领导者,孩子视为团队成员,那么传统的家长式权威——强调孩子绝对服从,已无法适应现代社会的需求。为了充分挖掘孩子的潜力,父母应深入理解孩子的个性、思想和追求。就如同现代企业为激发高级人才的创新力,会赋予他们更多的自由空间,将个人梦想与企业愿景相融合。对于智力、创新力要求较高的岗位,企业更看重员工的个人价值观与抱负。

教育孩子亦然。然而,做父母与做领导仍有本质区别。在现实生活中,父母往往扮演多重角色,既是父母,也是导师、教练、顾问、参谋、伙伴、投资者,甚至是保姆。在此,我更提倡父母以顾问角色对待孩子。

作为顾问,父母的主要职责是提供建议、支持和协作,提出不同的见解和思路,而非仅仅发号施令、严格管控。除了在生活与学习中给予孩子必要的支持与帮助外,父母还应在关键时刻为孩子提供前瞻性指导,成为他们成长路上的高级智囊。

1.4.2 如何认识孩子

若将孩子的成长过程比作汽车的行驶过程,可以从以下几个方面来理解。

首先,汽车的品质象征着孩子的天赋与个性。如同马力、材质、性能、外观等因素定义了汽车的特点与用途,每个孩子独特的性格与潜能也塑造了他们的特性。不同的汽车适用于不同的场合,正如不同的孩子们在不同的领域施展才华。

其次,燃料能源是汽车前行的动力,对应孩子成长过程中的内在驱动力。汽车能行驶多远,取决于燃料的续航能力与性能。同样,孩子在成长中需要持久的动力来应对人生的挑战,这动力可能源自兴趣、梦想,或是对未来的憧憬。

再次,驾驶技术决定了汽车行驶的稳定与安全,与孩子的各项能力相呼应。日常驾驶要求平稳安全,而赛车更注重技巧与专业性。孩子也是如此,不同的能力使他们在不同领域游刃有余,无论是学习能力、社交能力,还是其他才艺。

接下来是目标设定与障碍应对,对应人的认知和心理。驾车需明确目的地并规避障碍,孩子成长过程中也需要明确目标,并具备克服困难的勇气。作为父母,应帮助孩子设定合理目标,遇到困难时给予及时引导与支持。

此外,导航与路况的掌握同样关键。规划合理的行车路线、利用有利条件,能使汽车更顺利抵达终点。对孩子而言,意味着我们需要依据他们的兴趣与目标制订合适的教育路径,同时为他们营造良好的外部环境与条件。

从汽车行驶过程中,我们可以汲取灵感,更全面地理解孩子的成长过程。个性、动力、能力、心理、实践与环境条件,构成了孩子成长道路上的关键要素。作为父母,应在这些方面给予孩子充分的关注与支持,帮助他们实现梦想、达成目标。通过提供动力、塑造能力、理解心理、促进学习、把握关键与预见未来等步骤,父母可以为孩子的成长打下坚实的基础,陪伴他们走向光明的未来。

第二章

给动力：内动力、外动力，让孩子自动自发

在教育领域中，动力这一概念的重要性日益凸显。动力，也可称作内驱力或能量，可比拟为驱动个体持续行动的"燃料"。正如物理学中的定律所示，不存在永动机，一切持续的运动都需要有源源不断的动力支持。同样地，对于人的行为与成长而言，无论是精神层面还是实际行动，若缺乏持久的动力源泉，就难以保持长久的前进势头，难以充分发挥自身的潜能与能力。

每个人内心深处都蕴藏着巨大的潜力，但为何有的人能够保持乐观态度，充满自信，勇于承担责任，设立并持之以恒地追求远大目标，而有的人却时常受困于干扰，被琐碎事务和负面情绪削弱了行动力呢？这其中的关键差异，往往就在

于动力机制的建立与维护。

对于孩子来说,他们的行为表现、学习成效乃至人格发展,很大程度上取决于驱动他们行动的动力类型与强度。因此,深入剖析孩子的动力问题,寻找激发其内在积极性与持久热情的有效途径,是家庭教育工作中的核心议题。

基于实践观察与理论思考,我将动力的构成要素归纳为五个关键方面:

(1)心理能量:这是个体精神状态的基础,包括情绪稳定性、心理韧性、自我效能感等。心理能量充足的孩子更能抵抗挫折,保持积极心态,面对困难时有足够的心理资源去应对。

(2)兴趣倾向:兴趣是自发性的内在驱动力,对某一领域或活动的热爱可以转化为强大的学习动力。当孩子对学习内容产生浓厚兴趣时,他们会更主动投入,享受过程,从而提高学习效率和持久性。

(3)梦想追求:明确且有意义的人生目标或梦想,能激发孩子的长远视角与使命感,使他们在面对短期困难时仍能坚守信念,持续付出努力。这种目标导向的动力促使孩子超越眼前困难,追求更高成就。

(4)正向关系:良好的人际关系,尤其是与父母、师长及同伴间的支持性关系,能为孩子提供安全感、归属感与自尊感,进而转化为动力。在积极互动与鼓励中,孩子更容易产生积极行为,克服困难。

(5)外部助力:包括教育资源、社会环境、奖励机制等外部因素。这些因素虽非源自个体内部,但其影响力不容忽视。恰当的外部激励、优质的教育资源、积极的社会氛围等都能有效激发孩子的学习动力,有时甚至能产生意想不到的效果。

这上述的五个动力要素中,前三项(心理能量、兴趣倾向、梦想追求)属于内动力,它们源于个体内心,是驱动行为的内在动力源泉;后两项(正向关系、外部助力)则属于外动力,它们虽然不直接源自个体内心,但通过影响个体的心理状态、提供支持资源等方式间接激发内动力。

尽管内动力被视为个体成长的核心动力,但外动力的作用也不容忽视。在实际教育工作中,家长和教师常常过于聚焦在孩子的内在特质,而可能忽略了外在环境与资源对动力塑造的强大作用。事实上,恰当利用和优化外动力,往往能为激发孩子的内动力创造条件,起到事半功倍的效果。

综上所述,理解并有效调动孩子的心理能量、兴趣、梦想追求,同时营造正向关系并善用外部助力,是构建和提升孩子动力系统的关键。通过综合运用这些动力要素,父母们可以帮助孩子们建立起强大的内在动力机制,克服困难,勇于挑战自我,从而实现全面而健康的发展。

我经过总结和梳理,提炼出给动力的五个方法,如下图所示。

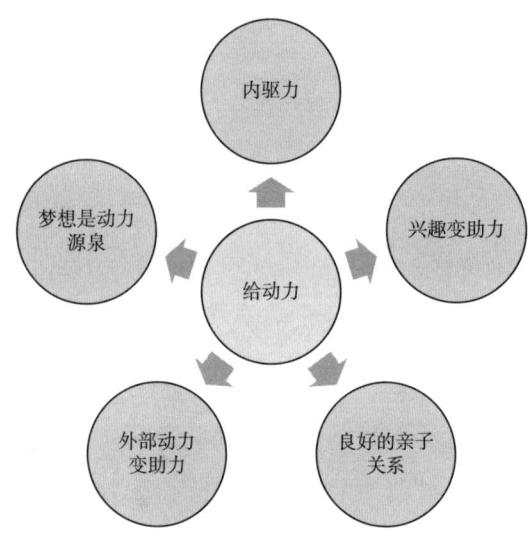

2.1 明白真正的内驱力,让孩子充满动力

在当前学生的学习生活中,动力缺失或混乱现象普遍存在,却往往未得到应有的关注与理解。如果父母或老师能对

第二章 给动力：内动力、外动力，让孩子自动自发

这些问题进行有效的干预与调整，无疑将有助于更多孩子更好地面对学习，充分释放其能力和潜力。

> 以小E为例，他在学校的表现平平，学习成绩一般。他对学习缺乏兴趣，课堂上容易走神，作业敷衍了事，且热衷于搞怪吸引他人注意。

面对这样的小E，老师和家长似乎已束手无策。通过与小E的深入交谈，我发现他缺乏明确的学习目标和动机，认为学习仅是为了应对考试，缺乏实际意义。同时，他未能在众多学科中找到自己真正热爱的学科，导致对学习缺乏热情。

在家庭环境中，小E也未能得到足够的学习激励与支持。他的父母因忙于工作，较少关注其学习情况，未能给予他必要的鼓励与帮助。

刚开始与小E交流，我首先列举了他在众多方面展现出的优点：热爱户外活动，积极参与课外活动，幽默风趣，总能用出人意料的点子逗乐同学们，且思维敏捷，能迅速捕捉并理解他人意图。小E对这些自己未曾意识到的优点感到惊讶，更对来自老师的认可感到意外，这使得他开始认真对待我们的对话。

在深入了解小 E 的内心世界后,我发现他存在一些片面且单纯的观念,如认为学习只适合少数人,自己不适合学习,以及认为某些老师和同学无法理解自己,只能用"特殊"方式与他们相处等。

在后续的沟通中,我逐步帮助小 E 纠正这些片面看法,引导他以全新的视角审视学习、老师、同学以及自我。通过一些小的行动实践与观察,他开始验证并接受更客观的事实。

随着小 E 对我逐渐建立起信任与合作的关系,他开始接受我的建议,认识到自己观念中的偏差,并与我共同商定行动计划,逐步改进存在的问题。

小 E 的变化显而易见,每一次小小的进步都为其后续的快速成长铺垫了道路。更令人欣慰的是,他开始尝试帮助其他同学共同进步。

小 E 的故事反映了学生群体中普遍存在的动力匮乏现象,同时也证明了动力问题并非无解,关键在于找到合适的方法。动力,或者说内驱力,在当今家庭教育与培养孩子中备受重视。围绕自律、时间管理等问题的解决已成为迫切需求,与此相关的讨论中也涌现出"内驱力""觉醒""开悟""开窍"等新词汇。在这些概念中,我认为内驱力要素是最基础的心理能量。

第二章 给动力：内动力、外动力，让孩子自动自发

2.1.1 心理能量的内涵

心理能量，是孩子在成长过程中所积累的一种无形力量，它关乎孩子的自尊、自信、自主性，以及对未来的期待与憧憬。具备充沛心理能量的孩子，能够找到自尊感，坚信自我价值，保持自信，对未来充满希望与向往。

在观察众多学生时，我们不难发现，总有一部分学生活力四射、积极进取，还有一部分学生则显得被动、消极，对学习缺乏主动性和热情。同样环境下，面对相同的学习内容，学生们的认知与表现却大相径庭。这种差异并非源自智力、能力等硬性条件的巨大差别，而更多是由于内在动力和对事物感知的差异所致。

<u>那些脱颖而出的孩子，往往持续得到正向激励，使他们在学习道路上越发得心应手。</u>相比之下，那些消极、缺乏热情的孩子却面临着动力被压抑、个性难以正常发挥的困境。究其根源，正是他们在自尊、自信、自主性这三个维度上获得的滋养程度不同，决定了他们外在行为的显著差异。

培养孩子的自尊，首先要尊重孩子，相信他们做事的出发点是好的，只是在方式方法上可能存在问题。同时，关注他们的情绪，理解并照顾他们的心理感受至关重要。然而，

许多父母凭借自身的生活经验,倾向于就事论事,直接针对问题进行批评指正,忽视了孩子的情感需求,或不信任他们同样有把事情做好的愿望,这无异于关闭了孩子心灵的大门,使他们不愿再配合。

自信是孩子把事情做好、实现有效成长的关键要素之一。当孩子的能力被限制,无法发挥所长,很多时候源于内心的不自信。此外,自主性同样重要,即孩子相信自己有能力、有办法去解决问题,实现预定目标,而非始终被他人安排,过度依赖外界帮助。拥有自主感的孩子,更可能展现出我们期待的自觉主动、积极进取的精神风貌。

2.1.2 建立心理能量的策略

要帮助孩子构建强大的心理能量,我总结了三个核心步骤:发现、肯定、放大。父母若能深入理解和实践这三点,将有效助力孩子建立良好的心理能量,为他们提供面对挑战、积极前行的持久动力。

首先,发现亮点。

我们需要理解一个基本原则:每个人都有其独特的优势,每件事背后都蕴含着积极的动机。对待孩子时,我们要首先善于发现他们身上的闪光点及值得赞许的动机部分。

在小 E 的例子中,我在与他沟通初期就列举了他的种种优点,同时坚信他看似"不当"的行为背后,其实也隐藏着想要做得更好的初衷。这样的肯定与认可,对于长期遭受责备和忽视的孩子来说,犹如一道曙光,照亮了他们封闭的世界,让他们重新打开心扉,看见希望,迎接崭新的未来。

父母如果想要做到真正的"发现",意味着在任何情境下都能洞察到孩子积极的一面,而非选择性地只关注符合自己期待的部分。有些父母习惯以孩子的学习表现作为衡量标准,对与学习相关的行为予以肯定,而对于看似无关的玩耍、日常言行,甚至孩子的缺点、错误,往往视而不见。然而,具备真正发现眼光的人,能够在所有事物中找到肯定孩子之处,使孩子更易于"心服口服"。

其次,给予肯定。

在帮助小 E 的过程中,我帮他消除了对自我能力的误解,如"我不行""别人不理解我"等观念,同时强化了他在某些事情上展现出来的优点,让他认识到自己确实具备做好事情的能力。这样的肯定,让小 E 对自己的能力有了清晰的认识,从而建立起自信。

在现实中,对于学业表现欠佳的孩子,他们往往得不到应有的关注,反而更多地被父母批评。肯定孩子,关键在于理解其想法,并在事实中找到肯定其优势的依据。比如,当孩子表现未达预期时,我们可以探寻他们这样做的原因,理解他们的动机并非如他人猜测的那样消极。同时,肯定需要有事实依据,我在指出小E的优势时,均是从他的实际经历中提取,确保他能够认同这些评价的真实性,从而产生信服感。

孩子的心智尚在发育阶段,对于成年人的态度,他们更容易直观地从表面感受。得到肯定,孩子将更有力量去挑战自我,反之,被否定则可能导致他们轻易自弃或自卑。当然,不同孩子具体情况各异,善于发现与肯定需要一定的洞察力和技巧。

最后,放大优点。

除了发现和肯定外,父母还需要有意识地将这些优点"放大",引导孩子将其运用到真正需要或能发挥优势的领域。

"放大"意味着帮助孩子认识到自己的优势不仅局限于某个特定领域,还可以延伸到其他方面,从而激发出他们做好其他事情的信心。我和小E一起探讨了如何更好地与老师、同学相处,如何将他的优点和能力不仅体现在日常活动中,还能迁移到学习和其他重要事项中。小E感受到自己被理解,看到了自己"同样可以"的可能性,开始愿意正视并修正自己的一些错误观念和行为。

我告诉小E,他的贪玩、逃避等行为背后,都有其合理性和值得肯定的一面,这些特质如果能适当调整并应用于其他场合,同样有助于他取得成功。

小 E 过去常被视为"问题孩子",承受了过多的误解与指责。当他发现自己同样具备做好事情的能力时,内心涌动出强大的动力,准备好去挑战其他难题。

总的来说,发现亮点让孩子感受到被重视、被理解,提升自尊感;给予肯定让孩子相信自己,建立自信;放大优点则让孩子体验到自主解决问题、积极面对生活的动力。善于运用"发现"与"肯定",就能有效帮助孩子建立心理能量,随后有意识地进行"放大",也将更容易得到孩子的配合与响应。

心理能量让孩子内心充满被爱、自爱以及被信任、自信的感觉,赋予他们更强大的行动力。发现亮点、给予肯定与放大优点不仅有助于构建心理能量,还能帮助解决其他各类问题。只要理解并掌握了这些原则的精髓,加以灵活运用,我们就能应对更多家庭教育中的挑战。

2.2 穿越兴趣的迷雾,让兴趣成为助力而不是阻力

从兴趣到专业,是一种蕴含深刻教育原理的路径。正

如"顺势而为"之说,犹如大禹治水般以疏导代替堵塞,当您领悟到这一方法的精髓,掌握其核心原理,必将收获颇丰。

> 一次与高中生小F的交谈中,他提出了一个问题:"老师,我常有这样的体验——原本以为很有兴趣的事情,一旦真正投入去做一段时间后,却又感觉兴趣减退。这种现象让我困惑,觉得兴趣似乎不太可靠,但对那些我压根不感兴趣的事,更无心去做。"
>
> 我回应道:"这是一个很好的问题。兴趣背后蕴含着诸多原理,只有理解了兴趣的关键要素,才能更好地激发并维持兴趣。"

真正的兴趣并非凭空产生,它需要个体成长过程中的积淀,以及适宜的环境、引导等条件的支持。先天兴趣若未得到充分发展,或缺乏有效的培育环境与指导,往往难以茁壮成长。若忽视兴趣的后天培养,兴趣往往难以经受住时间的考验。

许多所谓的兴趣,或许只是表面的感觉,是对事物片面或浅层的认识,而非对兴趣全貌的深入理解。这就是理想与现实的关系:我们往往只看到兴趣美好、理想化的一面,而忽

第二章 给动力：内动力、外动力，让孩子自动自发

视了在现实生活中，任何事物的实践都需要多方面能力的支撑，且会遭遇各种挑战。

若对此缺乏认识，在实际行动中，人们常会发现兴趣与实际情况不完全契合，若不能妥善理解和应对，便可能简单地认为兴趣与自身不符，从而产生挫败感。

兴趣是最佳的引路人，更是孩子积极行动的强大动力。尽管父母对兴趣的概念和价值有深刻理解，但在实践中如何有效培养孩子的兴趣，他们却时常感到困惑。

在与家长的交流中，我常听到这样的困扰：有的孩子看似对什么都感兴趣，但对任何事情都无法持久投入。今天还热衷于学习音乐，过几天就意兴阑珊；明天又想学美术，不久又选择放弃。还有的家长担忧："我的孩子似乎没什么真正的兴趣，他只知道看电视、玩游戏，整天在外面疯跑。这样的状态怎么能行？只会越来越沉迷，耽误正事。"

在培养和发展孩子兴趣的过程中，我们需要运用一些行之有效的方法。下面，我们就来探讨如何正确引导和培养孩子的兴趣，让他们未来能拥有一个充满趣味的人生。

这里提出如下两个步骤：第一步，精准识别并确定孩子的兴趣点；第二步，根据兴趣点的特点，灵活调整和深化兴趣，使之切实融入并丰富孩子的日常生活。

2.2.1 精准识别并确定孩子的兴趣点

有的家长会认为,我的孩子似乎对什么都不感兴趣,我看不出他有什么特别的爱好。然而,这种感觉孩子缺乏兴趣的背后,往往并非孩子真的无趣可寻,而是父母未能正确理解并识别孩子的兴趣所在。

要准确捕捉孩子的兴趣点,我们需要把握两个基本原则:原则一,每个孩子都有其独特的兴趣,没有一个孩子是完全没有兴趣的,只是兴趣可能尚未被充分发掘或被误解;原则二,任何兴趣都有其价值。每种兴趣都是孩子个性与潜能的体现,不应因其不符合传统观念中的"正事"而被否定。

首先,每个孩子内心都蕴藏着对某事的热情。

请看这个案例:

> 一位家长曾说,她的女儿乖巧听话,按时完成作业,偶尔帮忙做家务,但似乎并无特别明显的爱好。她所参与的学习活动都是按照母亲的安排进行,对这些活动并无自发的热情,尤其是对音乐的学习提不起兴趣。然而,在深入了解后,我发现孩子其实热衷于阅读漫画书、观看动画片,喜欢折纸制作各种动物模型,对时尚穿搭也有浓厚的兴趣。

这位母亲先前未能察觉孩子这些爱好,原因主要有两方面:一是她以成年人眼中的"正事"作为衡量兴趣的标准,如艺术、学术等;二是基于这一标准,她强行为孩子安排了诸如音乐培训班等她认为的"正经"兴趣课程,而忽略了孩子在漫画、动画、折纸等方面的兴趣表达。

当父母过于强调并严格规定孩子应当做的事情时,孩子往往会专注于完成家长布置的任务,而忽视自我探索与主动参与。久而久之,孩子可能会形成"任务完成即玩耍时刻"的思维定式,不再主动思考个人兴趣所在,一切听从父母的安排。

兴趣在生活中表现为孩子愿意对喜欢的事物投入时间与精力。无论是他们的玩耍方式、观看内容,还是日常言语与行为,都可能透露出兴趣点的线索。因此,父母应从孩子的玩乐、视听、言谈举止中全方位观察,以发现其潜在的兴趣。

其次,任何兴趣都有其存在的依据。

许多家长过度关注孩子的学业成绩,同时极力阻止他们进行被认为"不正当"的活动,如看电视、看网络小说等。实际上,这些同样是孩子的兴趣表现。关键不在于兴趣本身是否"正当",而在于我们能否洞察兴趣背后的积极因素,如孩子对美的追求(喜爱漂亮衣服)、丰富的想象力(喜欢网络小说)等,并以此为契机引导他们发展相关的能力和素养。

对待孩子的兴趣,我们要抱持开放包容的态度,给予足够的空间与机会让其去体验,过度限制反而可能导致其产生逆反心理。比如,适度允许孩子看电视、玩游戏,让他们在适当娱乐中得到放松与满足,之后可能自然而然转向其他活动。一味压制只会使某些"得不到"的"不良行为"变得更具吸引力,或引发孩子产生抵触情绪。

2.2.2 根据兴趣点的特点,灵活调整和深化兴趣

深化孩子的兴趣,需遵循以下三个要点:

要点一:揭示兴趣的本质特性。

不论孩子的兴趣是卡通、动画、游戏还是其他领域,都要从兴趣本身出发,探究其内在积极方面的特质。

例如,孩子爱游戏,可能是因为享受胜利的喜悦、喜欢运用策略或钟情于操作技巧带来的挑战。游戏本身并非理想的长期专注点,但其过程中展现的某些特点(如竞争精神、策略思维、手眼协调等)具有积极的意义,可迁移至其他生活场景和学习活动中。

我们都期待孩子的兴趣能转化为专业能力,甚至成为其未来的职业方向。但这并非唯一路径,兴趣同样能提升孩子的通用能力,如沟通交流、思考总结、情绪管理、团队协作等。

通用能力虽不如专业能力那样直接指向特定职业,但能全面提升个体素质,增强适应力。

对于通用能力而言,兴趣的具体内容和深度并非关键,重要的是我们能否识别并利用兴趣对能力提升起到积极作用。即使孩子兴趣广泛且变化频繁,短暂的兴趣也能在某个阶段发挥其价值,家长无须过分担忧。

要点二:循序渐进,由浅入深。

父母应学会从兴趣出发,引导孩子逐步深入学习与探索。

面对孩子在某一领域缺乏兴趣和热情,家长不应单纯强迫其补习,而应寻找与孩子现有兴趣关联的学习材料,激发其自主学习的动力。如孩子喜欢动画片,可提供配套的图文书籍,引导他们通过阅读故事来识字学词;孩子对飞机、汽车等主题感兴趣,可提供相应的科普书籍,让孩子在兴趣驱动下自然而然地拓宽知识面。

在设定兴趣相关任务时,应确保任务难度适中,让孩子"跳一跳就能摘到果子",从而保持学习的成就感与积极性,加速兴趣的深化进程。

要点三:尊重兴趣发展的规律与进程。

从兴趣到深入研究,通常经历有趣、乐趣、志趣、意趣四个阶段。

（1）有趣：源于新鲜感和好奇心，是对未知事物的初步探索。

（2）乐趣：开始享受参与过程，愿意反复进行。

（3）志趣：兴趣与目标相结合，不仅追求快乐，更期望达成一定的成果。

（4）意趣：兴趣超越具体活动，无论过程或结果如何，都能从中体悟到深层意义与价值。

从有趣到意趣的升华，是一个包含大量尝试、体验与反思的成长过程。了解这一规律有助于我们耐心陪伴孩子，顺应其兴趣发展的节奏，助力他们在不同阶段获得所需的支持与引导。

总之，理解兴趣的内在机制与演变规律，有助于我们从任何兴趣中提炼价值，与孩子共同构建和谐的亲子关系，让兴趣成为照亮他们成长之路的璀璨星光。

2.3　良性亲子关系，给孩子加上源源不断的燃料

对孩子的成长产生影响的因素中，除了内在动力，如个人兴趣、动机、价值观等，外在动力同样不容忽视，尤其是父母与孩子之间的关系。建立积极正向的亲子互动关系，能够为孩子提供强大的精神支持与动力来源。

第二章 给动力：内动力、外动力，让孩子自动自发

以小H为例，他的家庭经济条件优越，父亲事业有成，但小H却呈现出贪玩、厌学的状态，尤其喜欢玩摩托车赛车。面对这种情况，小H的父亲试图通过调动外部资源来改善小H的学习态度，如让老师对小H予以特别关照；聘请家教进行一对一辅导，让小H没有时间去玩摩托车赛车，打消购买摩托车的念头，想以金钱投入为理由，期望唤醒孩子的感恩之心和学习动力。然而，这些举措并未达到预期效果，反而引发了新的问题。

特殊待遇导致社交困扰：老师对小H的特殊关注引起班内同学的反感，导致小H在班级中遭受孤立，感到被轻视，这进一步削弱了他对学校生活的积极情感联结，加剧了他的厌学情绪。

金钱激励失效：父亲以高额辅导费用为理由，期望激发小H对父母付出的感激与学业责任感，但这个理由并未让孩子体会到对父母的感激之情，反而可能使他感到更有压力，更加抵触学习。

危险行为与家庭冲突：小H痴迷于摩托车赛车，向父母提出购买要求后，遭到父母的拒绝。小H不仅没有收敛，反而与父母产生激烈对抗，加重了家庭矛盾。

类似小H的情况在部分家庭中并不鲜见:孩子贪玩、拖延作业、固执己见,甚至出现撒谎、逃课等不良行为。面对这些问题,父母往往急于寻找立竿见影的解决办法,却忽视了最基础却至关重要的教育原则:信任、尊重与平等。

(1)信任意味着相信孩子具有自我成长与修正错误的能力,避免过度干预,给孩子试错与自我调整的空间。在小H的例子中,父母可以表达对他的期望,但更重要的是信任他能够在适当的引导下,逐渐认识到学习的重要性,而不是仅仅依靠外在压力迫使他改变。

(2)尊重意味着接纳孩子的独特性,包括他们的兴趣、感受和选择,即使这些与父母的期望存在差异。尊重小H的个性和兴趣,或许可以从他热衷的摩托车赛车中找到与学习结合的切入点,比如引导他了解赛车背后的科学原理、机械构造,甚至鼓励他参与相关的知识竞赛或科技项目,从而激发他对学习的兴趣。

(3)平等意味着在亲子沟通中摒弃权威式的高压姿态,以平等对话的方式探讨问题,倾听孩子的观点,共同寻找解决方案。对于小H的摩托车爱好,父母可以与他坦诚讨论其中的风险与责任,设定安全边界,而非简单粗暴地禁止。同时,鼓励他在遵守规则的前提下,通过其他方式(如模拟游戏、模型制作等)满足对速度与竞技的追求。

总的来说,面对孩子的成长问题,父母应以信任、尊重和平等为基础,构建正向的亲子关系,营造有利于孩子内在动力萌发的家庭环境,而非单纯依靠外在压力与物质刺激。这样的教育方式虽然看似朴素,却蕴含着深远的教育智慧,有助于培养孩子健康的人格与积极的人生观。

2.3.1 信任

信任二字看似简单,实则在人际交往中,尤其是在亲子关系中真正做到并不容易。信任不仅是父母对子女应有的基本信念,更是人与人之间建立良好关系的基石。然而,现实中人们往往对新鲜事物和陌生个体持怀疑态度,这是出于自我保护的本能,但并非建立和谐关系的恰当方式。

在人与人,尤其是父母与孩子的关系中,我们应秉持<u>先信任后验证的原则</u>,而非筑起心灵壁垒,人为制造沟通障碍。孩子是最应被信任的个体,然而,有些父母在面对孩子时,却往往表现出过多的质疑与不放心。

从孩子的角度出发,相较于批评与否定,他们更渴望得到父母的认可与信任。试想,假设我们在某件事上做得不够好,犯了一些错误,内心懊悔不已,但若能获得他人的包容与信任，内心将会深受感动，进而产生更强的动力去改正错误，提升自我。小 H 的例子便是如此，尽管父母为他付出了诸多努力，但他并未因此感受到父母的良苦用心，反而感到困惑与不满。问题的症结并非孩子不理解父母，而是父母未能真正理解孩子的需求，不清楚孩子内心真正渴望的是什么。

当小 H 的父亲试图用金钱衡量事物，甚至以此要挟孩子时，这种做法对孩子来说并无太大作用。通过物质诱惑或物质付出"绑架"孩子，这实际上是不理解孩子、缺乏信任的表现。这种方法效果不佳，一方面是因为孩子对物质价值的认知尚不成熟，另一方面是因为物质并非孩子当前阶段最迫切的需求。

实际上，孩子并非对父母的付出毫不感恩，他们内心深处渴望的是独立与自我证明，希望在生活中、在群体中展现自己的能力，而非完全以功利为导向。当父母能够从心底信任孩子，将教育手段定位为支持、帮助与引导，而非控制与束缚时，孩子将更愿意积极调整自己的行为，展现出更强的自我驱动力与成长意愿。

2.3.2　尊重

尊重孩子，意味着接纳并理解他们的各种想法与需求，给予肯定,而后共同探讨实现的可能性与方式。生活中许多问题的处理,都需要我们以尊重的态度对待孩子。以小 H 父亲坚决反对他购买摩托车为例,他认为此举纯属一时兴起,既不合理,又存在很大的安全隐患。然而,尊重孩子意味着:

(1)提供体验机会:建议父亲带小 H 前往专业的场地,让他在安全的环境中亲身体验摩托车骑行,这有助于孩子对摩托车有更全面、深入的认识,同时降低对未知事物的盲目追求。

(2)引入专业知识:引导孩子了解摩托车相关的专业知识与安全要求,借助专业人士的讲解,让孩子认识到驾驭摩托车并非儿戏,需要具备一定的技能与责任感。如此,孩子在充分了解后果后,可能会自行调整或放弃原先的想法。

(3)避免简单否定:面对孩子的诉求,不应一概否定,而应提供合理的体验与教育机会,让孩子在实践中自我调整,同时尊重其个性化的想法,避免因简单粗暴的否定打击孩子的自尊心与探索欲。

几年后,小 H 转向对音乐的热爱,进入音乐学校学习,而摩托车之事并未如小 H 的父亲担忧的那样产生负面影响。这说明,尊重孩子的个性化需求与兴趣,有助于他们自然过渡,找到真正适合自己的发展方向。

父母常以"成熟"标准评判孩子的想法,认为其幼稚、不理智,从而予以批评与否定。实际上,尊重孩子意味着深入理解他们的想法,认可其内在的合理性,并与孩子共同探讨更适宜的处理方式。这样,孩子能感受到被理解与尊重,从而增强自我价值感。

父母若忽视孩子对独立的需求,过度包办代替,会导致孩子产生抵触情绪。内向的孩子可能自我怀疑,外向的孩子则可能通过其他途径寻求自我价值的实现。因此,尊重孩子应包括尊重其想法、兴趣、需求,提供适当支持与满足,以引导、转化而非强制、堵截的方式帮助他们成长。

2.3.3 平等

"人生而平等"不仅是一句口号,更是指导我们如何对待孩子的基本原则。然而,有的父母常将孩子视为无知、不可信赖的对象,将其置于不平等地位,采取管教或包办代替的方式对待。实际上,孩子只是在某些知识与经验上有所欠缺,从人格地位而言,他们与成人是完全平等的。

小 H 获得老师的特殊照顾,看似有利于他,实则剥夺了他通过自身努力获得认可的机会,同时引发同学的嫉妒与排斥,伤害了他的自尊心。这种现象反映出父母在处理孩子问题时未能秉持平等原则,过度介入,导致孩子失去自我展现与成长的机会,是对孩子尊严的不尊重。

孩子的自尊心极为敏感且重要,他渴望得到他人的认可,努力在各领域表现出色,以赢得尊重与地位。若社会承认的需求无法得到满足,孩子可能会采取负面行为,如恶作剧、冲突、玩世不恭等,以求得他人的关注。

在亲子关系中,<u>父母应追求与孩子间的相对平等。这意味着在心理情感上保持平等、尊重、信任的态度,提供必要帮助与指导,同时赋予孩子自主决策与负责的权利,视其为独立个体</u>。正如我们与人交往时,会保持礼貌、尊重对方观点、协商解决问题一样,对待孩子亦应如此。当父母以平等的态度对待孩子,他们会感受到尊重,从而更愿意接受教导,不断超越自我。

若父母能在日常生活中践行这些原则,许多育儿难题或将迎刃而解,孩子的成长之路也将更为顺畅。

2.4 外部动力如何让孩子快乐持续地做事

父母们经常为孩子的动力不足而烦恼。实际上,不仅孩子，许多成年人也经常受到动力不足的困扰，感觉难以持之以恒地做某件事情。

外在动力是指来自个体外部的动力，它涉及多方面的因素。然而，我们往往容易忽视它，同时也缺乏有意识地寻找和利用更多外在动力的能力。

<u>有效和有益的外部动力能够推动人更持久、更有力量地前进</u>。对孩子来说，父母是一种重要的外部动力。除此之外，周围的人和各种环境也可以成为影响孩子的外部动力。这里以一个小案例为例。

> 小 I 经常拖延做作业，总是先玩游戏或看电视。这种拖延导致他经常熬夜，第二天上课时精神不集中，成绩也随之下降。

小 I 的这种情况在许多孩子中都很常见，它可能是一个阶段性问题，与所处的年龄段有关，也可能是因为孩子尚未意识到事情的重要性。

那么，如何利用外部动力来解决这些问题呢？首先，我们要明白心理能量、兴趣和人际关系都可以为孩子提供强大的动力。当父母感到无能为力时，可以尝试借助两种有效的外部力量来解决问题：环境反馈和帮助他人。

（1）环境反馈是指通过改变孩子所处的环境来激励孩子。例如，为孩子创造一个有利于学习的空间，减少干扰因素，或者与孩子一起制订一个合理的时间表，明确完成任务的时间。这样的环境调整可以帮助孩子更好地集中注意力，提高效率。

（2）帮助他人则是一种通过让孩子参与到有意义的活动中来激发他们的动力。例如，让孩子辅导其他同学学习，或者参与社区志愿活动。通过帮助他人，孩子可以感受到自己的价值和能力，从而增强自信心和动力。

通过这两种外部力量，父母们或许能找到新的突破口，激发孩子的内在动力，帮助他们克服成长过程中的各种挑战。

2.4.1　环境反馈

反馈，作为近年来备受瞩目的教育概念，尤其在刻意练习理论中占据核心地位。它揭示了一个共通的道理：持续的正反馈是突破自我、战胜困难的关键。

环境反馈的形式，这里特指孩子从周围环境中接收到的信息，这些信息源自多个层面——亲人、同伴、老师，乃至更广泛的社会。对于父母而言，敏锐地捕捉并利用这些反馈，是助力孩子在不同成长阶段中取得进步的重要契机。

第一，来自父母的反馈。

<u>父母是孩子最初也是最重要的反馈来源</u>。建立积极的家庭环境，多给予正面反馈至关重要。这里建议父母采用提建议的方式来进行反馈。这是因为：

(1) 友好且富有建设性：孩子们从小就具备独立思考的能力。当他们面临问题时，父母的提醒更多是一种沟通确认，而非强制命令。通过积极寻找孩子行为中的闪光点，父母能以更具建设性的方式与他们互动。

> 比如：小A喜欢画画，但常常因为画得不像而灰心。他的父亲并没有直接批评他，而是建议他尝试不同的绘画风格，并鼓励他从每次的作品中找出进步的地方。这种友好的建议让小A感到被理解和支持，最后他的绘画兴趣得到了保持，并逐渐发展出自己的独特风格。

(2) 尊重孩子的独立性：在时间安排、休闲方式等方面，孩子们应享有选择权和决定权。这有助于培养他们的自主性和责任感。

(3) 赋予孩子决策权：父母给出的只是建议，孩子需要判断这些建议是否符合自己的实际情况和需求。这种决策过程本身就是一种学习和成长。

事实上,尊重孩子的独立性和自主性,只提建议而不做强制要求,反而更容易激发他们的内在动力,促使他们主动行动。

第二,除了家庭环境外,来自学校和社会的反馈。

除了家庭环境,学校和社会也是孩子成长的重要环境。与同学建立良性竞争关系、寻求老师的帮助以及参与社会实践活动等,都是利用环境反馈的有效途径。

(1)与同学对标:找到具有不同优势的同学作为对标对象,可以激发孩子的竞争意识和进取心。与同学约定目标或将其视为学习榜样,都是提升自我的有效方法。

> 比如:聪聪在口算上总是落后于她的同桌琪琪。老师鼓励聪聪将琪琪视为超越对象,并在每次测试后与琪琪一起讨论错题。经过一段时间的努力,聪聪的口算能力有了明显的提高。

(2)主动寻求老师帮助:老师通常喜欢积极主动的学生,与老师建立积极互动的关系,主动寻求帮助和反馈,有助于孩子在学习上取得更大的进步。

> 比如:李明在写景作文上遇到了困难,他主动找到语文老师请教。老师耐心地给他讲解了关于如何写景的技巧,并给出了一些建议。李明认真按照老师的讲解,写了一篇作文。然后,他又主动找老师批改,老师给他提出了修改建议,经过几次修改,他的作文水平得到显著提高,并在全班进行朗读。

(3)参与社会实践活动:通过参与各种社会实践活动,孩子可以获得不同的体验,从而培养责任感和实践能力。

> 比如:小丽参加了社区组织的环保志愿活动,看到清洁工阿姨和叔叔们辛苦地工作,她也积极参与其中,在活动中深刻体会到了保护环境的重要性。同时,她也开始在日常生活中积极践行环保理念。

2.4.2 帮助他人

帮助他人不仅可以让孩子感受到快乐和满足,还可以培养他们的责任感、同理心和社交能力。当孩子学会关注他人、理解他人的需求,并主动伸出援手时,他们会发现自己的价值和意义,从而更加自信、积极地面对生活。

要激发孩子帮助他人的动力,我们可以从以下几个方面入手:

(1)树立榜样:父母和老师要以身作则,成为孩子帮助他人的榜样。通过自己的言行来传递帮助他人的重要性和价值。

(2)创造机会:鼓励孩子参与一些志愿活动或社区服务,让他们有机会亲身体验帮助他人的快乐和满足感。

(3)给予认可和鼓励:当孩子做出帮助他人的行为时,及时给予肯定和表扬,让他感受到自己的价值被认可和鼓励。

> 有一个人,平时总是自私自利,不太关心他人。然而,在一次社区活动中,他被选为小组负责人。面对这个突如其来的责任,他开始意识到自己的行为会对他人产生影响。于是,他开始努力履行职责,帮助小组成员解决问题,最终带领小组成功完成了任务。
>
> 这个转变让他深刻体会到了帮助他人的价值和意义。他发现,通过帮助他人,不仅能够获得内心的满足和快乐,还能够激发自己的潜能和动力。这种体验让他开始更加关注他人的需求,并主动伸出援手。

当孩子们感受到帮助他人的快乐和满足感时,就会更加自信、积极地面对生活中的挑战和困难。同时,我们也会发现,孩子内心的动力是无穷无尽的,只要我们用心去引导和激发,他们就能够创造出更加美好的未来。

2.5 梦想是孩子动力的源泉

在生活中,我们会观察到一些孩子与其他孩子明显不同,他们似乎拥有坚忍不拔的意志和无穷的精力。面对困难时,他们努力寻找解决办法;遭遇挫折时,他们审视自己的不足并重新调整,再次向目标迈进。

这些孩子内心的动力源源不断,这种动力究竟来自哪里?是什么造就了人与人之间的不同?

> 一天,小G与我分享了一个有趣的话题。他说,在班里,老师询问大家的理想时,同学们的回答五花八门,其中有一位同学的回答特别引人注目。他说他的父母给他设定的目标是成为全村首富。这个回答让人忍俊不禁,但同时也引发了我对梦想的深思。

我相信,父母在为孩子设定这个目标时,内心是认真的。他们可能觉得这是一个既理想又现实的美好追求。事实上,

第二章 给动力：内动力、外动力，让孩子自动自发

梦想就是能够给孩子提供更长远引导和持续动力的源泉。

在孩子心中，梦想就像一颗明亮的星辰，在遥远的星空中指引着他们。虽然那颗星辰遥不可及，无法看清其样貌和形状，但它却让孩子坚信自己在未来注定会有所成就，注定会在某个领域崭露头角或找到属于自己的生活方式。这种信念赋予他们自信、自觉和自省的力量，成为他们不断前行的动力。

那么，究竟什么是梦想？我们应该如何培养孩子的梦想呢？当孩子心中有了梦想时，我们又该如何帮助他们借助梦想的力量，让其成为行动的驱动力呢？

以我的儿子文豪为例，在他小的时候，我有意识地培养他的梦想。我会与他探讨未来他可能成为的角色，比如科学家、政治家、文学家、企业家等。我们还会一起阅读名人的故事和传记，了解这些人物是如何成就辉煌人生的。这些故事让文豪对未来有了更广阔的认知，激发了他的好奇心和探索欲。

除了通过名人事迹来启发文豪的梦想外，我还会给他讲述身边人的故事。我有一位非常优秀的同学，在小时候就树立了远大的理想——成为一名科学家。他对梦想的坚

> 定信念和持续努力让他超越了同龄人,取得了显著的成就。现在他已经成为一所顶尖大学的教授,正在实践他童年时期的梦想。这个故事让文豪明白梦想并不遥远或空洞,而是可以通过努力和奋斗实现的。
>
> 　　正是这些有意识的影响让文豪知道生活可以如何前行、人生可以有何种美好。他在内心建立了一种认知:我是可以强大的,我可以在未来建立起自己的事业,我可以成为独特的我。这种认知将成为他未来不断前行的动力源泉。

梦想的力量是无穷的,它会在无形中影响一个人,激发这个人内心的动力去探索未知的领域、追求更高的目标。无论孩子的梦想是什么,我们都应该给予支持和鼓励,帮助他们建立对梦想的信念和追求的动力。因为只有这样,他们才能勇敢地面对未来的挑战,并创造出属于自己的美好人生。

2.5.1　梦想的曲折历程

梦想本是最美好的存在,然而在现实中,它却常常面临各种挑战和困境。

如果我们去问一个小学生他的梦想是什么,通常得到的答案是科学家、艺术家等。到了初中阶段,孩子们开始受到

第二章 给动力：内动力、外动力，让孩子自动自发

周围环境和人物的影响，他们对梦想的描述可能变得更加具体，比如想要成为一名工程师或设计师。而到了高中阶段，梦想开始与现实紧密相连，孩子们会真正开始考虑自己的专业选择和未来发展方向。但遗憾的是，很多孩子在这个阶段仍然无法确定自己的定位，对专业选择也缺乏深入了解。

进入大学后，对于很多人来说，梦想已经与现实完全融合。他们最大的愿望可能就是在大学毕业后找到一份适合自己的工作。步入社会后，开始体验到生活的压力，而这个阶段，先解决温饱问题变得至关重要，而梦想可能会搁置下来，或者似乎变得遥不可及。

工作几年后，人们会发现周围聊天的话题都围绕在买房、娶妻生子、教育孩子和养老等现实问题上。人们常常感慨，曾经各有梦想的我们最终都过上了相似的生活。

由此可见，在现实中，梦想往往经历了一个由大到小的过程。小时候的梦想伟大而遥远，但随着时间的推移，它们逐渐缩小甚至消失。

然而，真正的梦想不应该是这样的。它应该是远方的一座灯塔或天空中的一颗明星。虽然起初看起来遥远而朦胧，但它能为我们指明方向，引导我们找到前进的道路并实现目标，能帮助我们克服困难并在泥泞的道路上保持热情。

作为父母,我们应该如何培养孩子的梦想呢?首先,我们要鼓励他们勇敢追求自己的梦想并为之付出努力;其次,我们要为他们提供实现梦想所需的支持和资源;最后,我们还要教会他们如何面对挫折和困难,并从中汲取力量继续前进。只有这样,我们才能让孩子们的梦想照进现实,并绽放出最耀眼的光芒。

2.5.2 如何培养梦想

培养梦想的首要原则,就是深信并呵护每一个梦想。如果我们能洞察每个人的内心世界,就会发现他们心中那些对美好生活的向往。但在现实的冲击下,这些梦想往往变得脆弱不堪,人们开始怀疑自己的能力,不敢再坚持。

在家庭教育中,常听到父母对孩子说诸如"你这样做将来怎么养活家庭?""你的梦想太遥远了,不现实!"这样的话语。这些话无形中传递了一条信息:你是一个能力有限的人,你的未来充满了艰辛和困难,无论多么努力,都难以取得显著成就。这样的负面反馈会严重打击孩子的自信心,让孩子在面对困难时缺乏勇气和决心。

作为父母,我们要让孩子明白,真正的障碍往往是我们自己内心的恐惧和怀疑。所以,父母们要尽量摒弃那些对孩子们梦想的负面评价,让孩子们真心相信梦想的力量,孩子们才能保留住那份对未来的期待和憧憬。

其次,要认识到梦想的多样性和变化性。一个人一生不会只有一个梦想,而是会有多个方面的向往和追求。在孩子们对未来尚不清晰的时候,他们可以带着各种想象和期待去尝试和体验。

随着时代的变化,社会对梦想的追求也在发生变化。在孩子成长的过程中,重要的是让他们多体验、多尝试,而不是过早地限制和约束他们的行为。我们无法预知哪个梦想最终会实现,但可以为孩子播撒多样的梦想种子,让他们在未来的道路上拥有更多的选择和可能性。

同时,父母要让孩子正确理解现实与梦想的关系,帮助孩子处理好两者之间的矛盾。梦想和现实并不是对立的,而是相互依存、相互促进的。梦想来源于现实,而现实也可以因为梦想而变得更加美好。

总之,最好的理想是实现梦想的过程,最好的现实是将梦想变为现实的过程。因此,让我们保持孩子的想象力,让他们永远充满希望地迎接未来。有了梦想,他们就会有自信、有力量,以积极的心态面对人生,勇敢地创造属于自己的世界。这就是梦想的力量。

第三章

塑能力：培养能力有方法，学会方法谁都会

——技能是显形的，能力是隐形的！

在商场里，餐饮、幼儿游乐和培训场所往往最能吸引人流。每到周末，就有许多家长在各种技能培训班的门口耐心等待孩子下课。父母都希望各自的孩子具备多种能力，如生活能力、学习能力、社会能力和专业能力等。

可是，父母应该如何更有效地培养孩子的能力呢？本章将从基础理论出发，帮助父母认识到培养孩子的能力不仅要关注表面的技能习得，还包括一些不易察觉的地方，以及通用的培养流程和方法。我经过总结和梳理，提炼出塑造能力的五个方面，如下图所示。

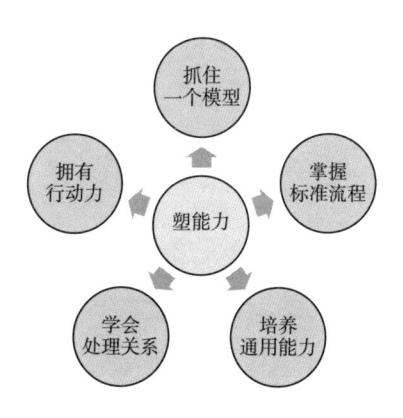

```
        抓住
       一个模型
   拥有           掌握
  行动力          标准流程
       塑能力
   学会           培养
  处理关系         通用能力
```

3.1　一个模型，帮助父母更好地了解孩子

小J，一个年仅十二岁的初中生，却拥有一种与众不同的天赋——超强的表达能力。他能够长时间地与人交流，逻辑清晰、富有感染力，善于用故事吸引听众。然而，这份独特的天赋却成了他的苦恼之源。

因为说话太多，他常常遭受父母的抱怨，他们担心他把家里的秘密都泄露出去。在学校，老师也批评他因为太能说扰乱了课堂秩序。周围的人纷纷告诫他要低调，不要在教室里多说话，要听话。这些压力和限制让他感到困惑和不安。

小J的家长对他的多话行为感到十分担忧。我也感到好奇,毕竟大多数家长都希望自己的孩子性格外向、善于交流。于是,我邀请小J到家里做客,想要进一步了解这个孩子的情况。

放学后不久,小J如约而至。他一进门就热情地向我和文豪的妈妈问好,举止大方、神态自若。他的眼神中流露出一种自信和从容,让人感受到他的独特魅力。

晚饭时,文豪的妈妈热情地邀请小J一起用餐。他礼貌地拒绝了,表示要回家吃饭。然而,文豪的妈妈坚持让他留下,说这里就像在自己家一样。小J见状,便跟着文豪妈妈进了厨房,再次婉言谢绝。他解释道:"阿姨,我真的不吃,我妈已经给我做好了饭,我一会儿就回家吃。"他的语气坚定但又不失礼貌,让人感受到他的独立和自主。

在这个过程中,小J表现得非常自然大方,没有丝毫的羞涩和扭捏。他说话时还带着丰富的肢体动作,仿佛一个成熟的成年人在与我们交流。这种自信和从容的气质让我印象深刻。

最终,我们的盛情邀请让他难却,一起吃了晚饭。席间,我与他聊了起来。他谈到了在之前学校的生活,对学校的管理方式不太适应,所以转到了这所学校。他的谈吐流畅、语速飞快,似乎永远有说不完的话。从他的话语中,我能感受到他的聪明和敏锐。

我赞叹道:"你的表达能力真的很强啊!"他笑着回答:"是的,我就是爱说话。有时候说起话来连饭都忘了吃。"接着,他又说:"我妈说我太能说了,有时候会把家里的秘密都说出来。"他的语气中带着一丝无奈和困惑。

听完他的话后,我感受到了他内心的不安。我深知这份天赋的珍贵,于是对他说:"人要做的是重点发挥优点,而不是一味强调缺点。你的表达能力正是你的优势,所以不需要因优势而困惑。你需要的是学习怎样更好地利用这个优势,让自己所说的话更加精彩,同时要学会有取舍地说。在未来,你说不定能找到发挥你这个优势的地方,实现价值。"

我的话似乎让他有些惊讶。他瞪大了眼睛看着我,然后感慨地说:"叔叔,怎么从来没有人和我说这样的话?还说这个是我的优势。"他的语气中充满了感激和认同。

接下来,我又和他探讨了一些关于如何立足优势、更好地发展优势的话题。最后我问他:"你能说服你的父母,同意和支持你并有意识地培养自己的特长吗?"他自信地回答:"没问题!靠我的表达能力,三两下就把他们说服了!"

> 他的眼神中闪烁着坚定和自信的光芒。
>
> 我看着这个孩子,感到非常欣慰。我的那句话让他解开了长时间的心结,他不再把心放在不利的一面去苦恼和纠结。

每个孩子都是独一无二的,他们拥有不同的兴趣、偏好和擅长领域。作为父母和教育工作者,我们需要因材施教,关注孩子的个性天赋,并引导他们走向积极的方向。只有这样,才能让孩子在成长的道路上更加自信、从容地面对挑战和困难。

在培养孩子能力的过程中,除了方法和技巧外,还有一个因素,那就是性格。比如,外向的孩子,好的方面是表现活泼、爱参加活动、喜欢社交和言谈;而坏的方面可能是调皮捣乱、冒失冲动等。内向的孩子,好的方面是喜欢钻研、善于思考;而坏的方面可能是木讷少言、冷漠被动。

所以,孩子的成长更倾向于哪一面,与父母的引导有很大的关系。有效的家庭教育可以帮助孩子更多地走向积极的一面,而不当的家庭教育会让孩子放大不好的一面。

这里提供一个认识性格的模型,来帮助父母更好地了解孩子。

3.1.1 "大小规灵"模型

关于性格分析,市面上存在多种理论体系,如 MBTI(迈尔斯-布里格斯类型指标)、九型人格、DISC 性格分析等。这些理论各有特色,分别从不同的维度解析个体性格特征,旨在帮助我们更好地理解自己与他人。

(1)MBTI 以瑞士心理学家荣格的心理类型理论为基础,通过四个维度的二分法来划分性格类型,分别是:内倾(I)与外倾(E)、感觉(S)与直觉(N)、思考(T)与情感(F)、判断(J)与知觉(P)。这八个功能维度组合成十六种典型性格类型,如 INTP、ENFJ 等,为个体提供详尽的性格描述和职业建议。

(2)九型人格则着眼于人的基本欲望和恐惧,将人划分为九种基本性格类型,包括完美主义者、给予者、实干者、浪漫主义者、观察者、怀疑论者、享乐主义者、领导者和调停者。每种类型均有其核心动机、价值取向、行为模式及潜在成长路径。

(3)DISC 性格模型以行为风格为核心,关注个体在面对环境时的行为反应,分为四个维度:支配性(dominance,D 型)、影响性(influence,I 型)、稳健性(steadiness,S 型)和服从性(compliance,C 型)。DISC 旨在揭示个体在处理人与事、动与静等情境下的行为偏好。

然而，面对众多性格分析理论，理解与应用可能会显得复杂。性格分析也会根据不同情境选取适用的解释维度，即使同一模型也可能因个体理解与表达差异而呈现多样化解读。这里我提出一个在实践中形成的简明易懂的性格分析框架——"大小规灵"模型。该模型以"大"（宏观）、"小"（细节）、"规"（规则）、"灵"（灵活）四个关键词为核心，贴近日常生活对个体行为风格的描述，有助于我们洞察不同人在能力上的先天倾向。

大（宏观）：关注个体在面对问题或任务时是否倾向于从整体、长远、战略层面进行思考与规划，是否具备大局观与前瞻性。此类人可能更擅长抽象思维、宏观决策，关注长远目标与愿景。例如，具备宏观思维的人可能在制订长远规划或战略方面表现出色。然而，这种思维方式的潜在劣势可能过于忽视细节，导致粗心大意、不够脚踏实地。

小（细节）：侧重于个体是否注重细节、精确度与执行效率，是否善于观察、分析与处理具体事项。这类人在工作中可能表现出严谨细致、一丝不苟的特点，擅长发现问题并实施精细化管理，做事认真负责、力求完美。例如，注重细节的人往往在发现和解决具体问题上更胜一筹，但过度关注细节可能导致其思维受限，缺乏对整体格局的把握。

规（规则）：考察个体对规则、秩序、程序的重视程度，以及是否倾向于遵循既定规范行事。规型人可能更尊重传统、遵纪守法,偏好稳定、有序的工作环境,执行力强。然而,过度依赖规则可能导致行为过于保守,缺乏创新精神。

灵(灵活):关注个体的创新思维、适应性与变通能力,是否能在面对变化时快速调整策略,不拘泥于固定模式。灵型人往往富于创意、敢于尝试,能在不确定环境中保持敏捷与灵活性,但过度灵活也可能导致缺乏持久性与责任感。

小K是一名初中三年级的学生,成绩中等偏下,经常受到老师和同学的负面评价。他不擅长沟通,对人际关系感到困扰,在课堂上虽对知识充满好奇心却害怕回答问题。尽管他尝试努力学习,但每次遇到挫折都会失去信心。父母对他的高期望以及与他人的比较使他的心理压力越来越大,内心充满了自卑和挫败感。

经过与小K的交流和一些简单的测试,我发现他个性内向,不善于直接表达内心的感受和想法。他的问题在很大程度上是个性与心理问题积压的结果。老师和父母未能充分认识他的个性特点,而是一味地用社会的普遍标准去要求他,这使他不断受到打击,从而更加封闭自己。

在了解小K的过程中,我引入了性格分析模型——大小规灵。我发现小K在宏观方面表现出较强的倾向,即对社会、世界有着丰富的想象和深刻的认识,但对生活中的细节往往不在意,容易忽略。这导致他在面对外界的批评和挑剔时感到不满和不理解,进而压抑自己的想法。

另一方面,小K更倾向于灵活和自由。他对一些制度规定和学习要求有一定的抵触心理,认为它们只是在约束人。虽然他有很多想法,但在现实中却常常碰壁,因此怀疑自己的能力。

为了帮助小K走出困境,我首先肯定了他的想象力和愿意思考的优点,并鼓励他在生活中发挥这些优势。同时我也指出了,他需要更全面地体验生活、理解想法与实现之间的差异,并将自己的愿望与现实相结合。

此外,我还与小K的父母进行了沟通,让他们根据孩子的个性特点与孩子相处,尽可能地了解和理解孩子内心的想法和困难。只有这样,他们才能真正帮助孩子解决遇到的问题。

经过一段时间的努力和引导,小K逐渐恢复了自信。他开始更加积极地面对学习和生活上的挑战,并在成绩上取得了明显的进步。他的父母也改变了之前的教育方式,更加关注孩子的内心需求和个性发展。

"大小规灵"模型可以让父母更好地理解为什么孩子会出现某些与我们想象和希望完全不同的表现和行为。

3.1.2　孩子性格受父母个性的影响

我们除了要有效了解并按照孩子的性格特点进行培养,还要重视并识别我们自身的性格倾向。家庭教育有丰富的理念和方法,在具体实施过程中会发现同样的方法不同的人有不同的理解,实施起来千差万别。其中一个重要的原因是,父母的性格对教育孩子有很大影响。

例如,情绪不稳定的父母难以观察到孩子某些深入的、细致的特征;严厉型父母常会按自己的想法去强行要求孩子;焦虑型父母则缺乏对事情的判断力,容易被外在事件所左右。

所以,父母要先认识到自己的优势和弱项,才能帮助孩子成长。不同性格的父亲和母亲,可以相互配合从自己更擅长的方面帮助孩子,并从不同的视角去理解孩子,让孩子能够茁壮成长,最终枝繁叶茂。

3.2　想让孩子多才多艺？请掌握标准流程

人们往往会有这样的体会:当我们在某个领域非常熟练

时,就会认为那是很简单的事情。在教别人的时候,我们可能会变得不耐烦,觉得他们怎么这么笨。然而,我们常常忘记了初学者或所有能力的提升都需要一个过程。对我们来说很简单的事情,对于一个新手来说可能是极大的挑战。

  一天,文豪的妈妈让文豪尝试自己洗衣服。文豪平时很少做家务,但他还是欣然答应了。然而没过多久,文豪的妈妈就看到文豪把水弄得到处都是,洗衣液也溢出了很多。文豪的妈妈走过去说:"文豪,你慢点弄,别着急。"文豪很困惑,他只是用手轻轻地翻动衣服,水怎么就溢到地上了呢?后来他妈妈告诉他,衣服轻轻翻,搓洗要用力,但他似乎还是难以掌握要领。最后,文豪的妈妈实在看不下去了,接过衣服干脆自己洗了。

  我记得小时候住的老房子,地面铺设简陋,每天地面上都会堆积一层薄薄的尘土。母亲在早上经常会让我帮忙扫地。然而,每当我拿起扫帚时,总是无法掌握扫地的技巧,每次都扫得尘土飞扬。母亲常常会耐心地教导我:"你慢点扫,别把土扬起来。"但我似乎总是无法理解其中的要领。最终的结果是,母亲不得不重新扫我扫过的地方,或者干脆自己来完成这项任务。我内心曾经充满疑惑:

> 我自认为扫地的方式并无不妥,为何总是达不到母亲的标准呢?这让我深感困惑。

许多父母都有这样的经历:父母想让孩子独立完成一些事情,但一看到他们做不好,就会失去耐心,责备他们:"你怎么这么笨呀,像我这样弄。"然而,这样的责备和着急只会让孩子失去信心,也失去了劳动的乐趣。最终,父母要么接手完成事情,要么等看不下去了再重新做一遍。

事实上,这种做法对孩子的成长并不利。孩子需要的是耐心和指导,而不是责备和打击。当孩子遇到困难时,父母应该给予孩子鼓励和支持,帮助孩子建立自信,并培养其解决问题的能力。同时,我们作为父母也要学会放手,让孩子有机会尝试和锻炼自己。

> 后来,我决定教文豪洗衣服。首先,我向他演示了如何根据衣服的数量来放水。接着,我教他如何根据衣服的脏污程度来确定洗衣液的用量,并让他明白衣领、袖口等易脏部位,最好能借助衣领净。然后,我示范了如何正确地用双手来搓洗衣服。在整个过程中,我都详细介绍了每个步骤的目的和注意事项。

之后，我又教他如何漂洗衣服，确保洗衣液完全被冲洗干净。我让文豪操作每一个步骤，并在关键时刻给予他指导和鼓励。经过几次的实践和练习，文豪终于能够熟练地洗衣服了。

人学习任何东西都会经历一个由生疏到熟练的过程。要想更快地掌握某种操作，首先需要理解具体的操作步骤，并关注其中的关键环节。随后，按照正确的步骤一步步进行训练。对于生活中的各种事情，我们在多次的实践中已熟练掌握了各个环节和步骤，因此操作时很快就能做好。然而，对于孩子来说，情况则不同。如果仅仅让他们自己摸索，认为他们多操作几次就会了，大概率是会出问题的。所以，父母要在一开始就告诉孩子操作要领，或者是可以让孩子试探性地操作，在关键节点引导和启发孩子，这样孩子才能收获成就感，才会有想进一步练习的兴趣。

生活中的很多事情看似小事，其基本过程和原理却与其他复杂的事情是相通的。在教孩子做这些事情的时候，我们应该怎样操作呢？下面就列出一些具体的注意事项，供父母们参考。

第一,需要根据具体程序给孩子以指导。

首先,我们需要将要做的事情分解成具体的步骤。这里以教孩子拖地为例,可以分解为以下步骤:

(1)先用扫帚清扫地面,确保将浮土和杂质清扫干净,这样下一步用拖布拖地时才会更方便。

(2)扫地时,需要保持适当的力度,让扫帚紧贴地面,一步一步地扫,而不是让扫帚离开地面。

(3)将灰尘聚集到一个地方,并掌握将灰尘扫入簸箕的技巧。

(4)清扫完毕后,再用拖布拖地。拖地时需要注意用力的方式、从哪里开始、拖哪些地方、哪些是重点等。

我们不仅要列出这些步骤,还要解释每一步的缘由和道理。这样,孩子不仅知道怎么做,还能理解为什么要这么做。

第二,需要手把手做示范。

在孩子学习新技能的过程中,手把手地示范至关重要。在示范时,要注重每一个细节,确保孩子能够准确理解并掌握技巧。当孩子掌握了基本动作后,还需要通过多次实践来帮助他们熟练技巧。例如,在教孩子扫地或洗衣服时,他可能不知道如何正确用力。这时,我们手把手地教他,并允许他有足够的时间来熟练技巧,不要急于求成。

即使孩子的表现并不完美,我们也不应过于强求,而是要给予他们适当的鼓励和支持。

第三,需要及时地表扬和鼓励。

例如,在文豪小学时期,他很喜欢吃西红柿炒鸡蛋。当我教他做这个菜时,我不仅详细告诉他操作步骤和注意事项,还在关键时刻给予示范。尽管他开始时做得并不太好,但我总是及时发现他的进步并给予鼓励。结果他尝试了几次后就能炒出美味的西红柿炒鸡蛋了。

我曾看到一位教育指导师教他孩子洗衣服,她会在孩子洗完之后,自己再偷偷洗一遍。然后,他会在衣服干了以后,夸奖孩子洗得有多么干净。这样一来,孩子就形成了自己洗衣服的习惯,还很乐意洗。

这位教育指导师不仅关注了孩子具体的行为是否正确,还关注了孩子的心理,让孩子在做事的时候,做得开心,产生做事的乐趣,建立起对自己能力的信心。

3.3 心中有数:培养通用能力,破除游戏的迷局

人们通常更关注专业能力的发展,往往忽视通用能力的

重要性。在家庭教育的过程中,对于大多数孩子来说,培养通用能力是至关重要的。

现在关于通用能力的说法有很多,比如专注力、自控力、设计力、沟通力等。然而,通用能力的内涵和培养并非简单的概念区分所能涵盖,它往往是综合性的,有时甚至是隐性的。

事实上,人在对不同事情的处理中,都可以培养自身的通用能力,比如让家长感到困扰的游戏。游戏并非一无是处,关键是要学会如何正确引导孩子参与游戏,这样可以减少其潜在的不良影响。

我曾尝试和六七岁的孩子们一起玩手机游戏,发现游戏确实可以看出他们的合作能力、心态以及情绪管理能力等。比如,孩子游戏失败可能会表现出不高兴甚至哭泣;当伙伴配合不佳时,他们可能直接表现出不满或鄙视。如果家长能及时引导,或许能收获不一样的效果。

我个人不鼓励孩子无节制地玩游戏。如果孩子在玩游戏上投入过多的时间,甚至沉迷其中,那就太不应该了。那么当孩子过度沉迷游戏、无法自控时,我们应该如何解决这个问题呢?

文豪上小学时,曾有一段时间深深地迷上了电子游戏。他热情地向我阐述游戏的各种好处,时不时还会邀请我加入他的游戏世界，与他并肩作战。

　　文豪在日常生活和学习上表现得比较好，我对他玩游戏这件事也一直采取自认为比较开明的态度，所以并没有刻意阻拦或反对。然而，随着时间的推移，我注意到文豪在玩游戏时经常会忘记时间。起初，他会设定一个游戏时间，但一旦开始游戏，就总是会超出他原先设定的时间。有时候，他还会在我不知道的情况下，偷偷地玩游戏。

　　我希望他能自我控制，安排好时间，但事实证明，我的想法是错误的。后来我尝试与他沟通，他似乎也明白我的意思，但一到实际行动中，就不照办了。我绞尽脑汁地想解决办法，但发现有时候我们大人的自控力其实也好不到哪儿去，比如在电脑前玩游戏的时候，也难以抵挡游戏的诱惑。更何况是孩子呢？

　　网络上有专家给出了一些建议，比如把电脑、手机收起来，或者直接拔掉网线、重置密码等，让孩子远离游戏的环境。但我并不愿意采取这样的方法：一方面，我还是期待文豪能自己控制好自己；另一方面，我也始终认为，正确使用电脑，能给孩子不一样的知识。

　　后来，经过很长一段时间的思考，我找到了一个可以尝试的方法。我与文豪进行了一次深入的聊天。我首先夸奖了他的自主学习能力和良好的生活习惯,然后相信他是一个有自控力的孩子,能够在游戏和学习、生活之间找到平衡,接着以他为主我为辅,一起制订了游戏时间计划,时间控制在30~45分钟。他允许我提前5分钟通过手势来提醒他。

计划刚开始执行时,他会因为我的提醒感到反感,慢慢地,他形成了习惯,开始预估时间,感觉时间快到了,会提前结束。后来,他甚至主动告诉我,他觉得游戏其实并没什么意思,渐渐地失去了兴趣。

在制订整个计划的过程中,孩子有了参与感、选择权,我给了孩子足够的信任,孩子也愿意为自己的承诺做出努力。劝说、威胁、恐吓孩子,或许能管一时,从长期来看效果微乎其微。所以,我们要做的是,让孩子充分参与其中,尊重他的选择,激发孩子的主动思考能力。

3.3.1 解决游戏问题的关键点

第一,尊重孩子的意愿与选择。

尊重孩子是解决问题的首要态度。避免不必要的强制,让孩子在感受到尊重的同时,培养自我要求和自律的习惯。

这种尊重不仅体现在语言上,更在于日常生活中的实际行动,如给予孩子适当的自由度和决策权。

第二,建立坚实的信任基础。

信任是亲子关系中的关键要素。当孩子感受到我们的信任时,他们会更加努力地控制自己的行为,不辜负我们的期望。这种信任关系的建立,有助于孩子在处理游戏问题时更加成熟和理智。

第三,培养孩子的自主决策与责任感。

自主能力的培养是解决游戏问题的重要途径。通过让孩子自己制订计划、安排时间和管理自己的事务,我们能够帮助他们建立起对自己行为的责任感。这样的实践经验让孩子学会权衡利弊,更加明智地做出选择,而不是被游戏所主导。

第四,以正确心态看待和解决沉迷游戏问题。

面对孩子沉迷游戏的问题,我们需要保持冷静和理智,采用替代法而非强制法来引导孩子发现更多有趣且有益的线下游戏活动,从而减少对电子游戏的依赖。最重要的是,与孩子进行开放、诚实的沟通,理解他们的需求和感受,才能共同寻找合适的解决方案。

3.3.2 如何处理电子设备和孩子的关系

随着科技的进步,电子设备已经深入我们的生活中。对于家长来说,如何引导孩子正确使用电子设备成了一个重要的问题。

首先,家长需要认识到电子设备在孩子成长中的积极作用。电子设备不仅是孩子娱乐的工具,也是他们获取信息、提高技能的重要途径。因此,我们应该引导孩子正确使用电子设备,让他们学会自我控制和时间管理。

从前面的案例可以发现,文豪对手机游戏时间控制不了时,我将选择权交给了他,我非常信任他,引导他做游戏时间计划,同时也相信他自己可以做到。

其次,家长需要做好榜样。孩子的行为往往受到父母的影响。如果家长自己经常使用电子设备,没有节制,那么孩子也会模仿这种行为。小的时候,孩子会被家长手机的声音、视频和画面吸引;长大后,孩子会偷偷玩,会向家长提出对电子设备的需求。因此,家长需要合理使用电子设备,给孩子树立良好的榜样。

最后,家长需要关注孩子的通用能力培养。通用能力包括学习能力、创新能力、沟通能力等,是孩子未来发展的重要基础。在孩子使用电子设备时,家长注重培养孩子的这些能力。比如,家长可以关注孩子在使用电子设备过程中的学习情况,在学英语口语时,是否能大胆对话?在学习中,是否能保持自己的专注力？是否能有自己对所学内容的思考？

只有教会孩子合理使用电子设备，才能让孩子在科技发展的潮流中健康成长。

3.4　眼中有人：学会处理关系，让老师成为朋友

小R一见到我就表现出一副不高兴的样子。他告诉我，前几天因为未参加班级的拔河比赛而直接去参加了陶笛排练，被班主任批评没有班集体荣誉感，并因此被罚站。这让他感到非常委屈和不解。

他详细向我讲述了事情的经过。原来，他参加的陶笛班第二天要到几所学校组织的大会上表演，所以陶笛老师安排他们在下午进行最后一次排练。恰巧，学校也组织了拔河比赛。小R觉得陶笛更重要，所以下了课就直接去参加陶笛排练了，没有向老师请假或说明情况。

小R觉得参加陶笛排练也是为学校争光，而且自己并不是拔河队的成员，未参加拔河比赛应该对班级成绩没有太大

影响。他认为班主任的批评过于严厉,让他感到无法接受。

在与小 R 的交流中,我了解到他们的班主任平时非常认真负责,班级荣誉感很强。我鼓励小 R 从老师的角度出发,理解老师的想法。同时,我也提醒他在未来遇到类似情况时,应该主动与老师沟通,避免造成误解。

通过这次事件,小 R 意识到自己在处理问题时的不足,并表示以后会更加注意自己的行为。

3.4.1 处理人际关系的几条建议

第一,学会关注他人。

在交流中,我们常常将注意力集中在自己身上,试图展现自己的优势,试图占据上风或证明自己的正确性,就很容易陷入一种较量的状态。这种状态往往会破坏人际关系的和谐。为了改善这种情况,我们应该引导孩子学会真诚地关注他人,对他人的话题表现出兴趣。

第二,善于发现并欣赏他人的优点。

每个人都有自己独特的优点和长处。学会发现并真诚地欣赏他人的优点,不仅可以让孩子更加尊重他人,还可以从他人身上学到更多东西,从而丰富自己的视野和认知,进而与他人建立深厚的友谊。

第三，保持开放和真实的态度。

在人际交往中，我们应该引导孩子尽量保持开放的心态。同时，也要让孩子学会在适当的时候展现真实的自己，不要过于掩饰或伪装。在保持真实的同时，灵活处理人际关系中的各种情况。

3.4.2 如何与老师合作

老师对孩子的影响很大，因此，正确处理孩子与老师之间的关系非常重要。

在需要的时候，家长可以与老师进行交流，以便更好地了解孩子的情况。例如，小 R 的家长就通过与老师及时沟通，了解了孩子在学校的多面性，也增进了家校合作的意义。

人际关系是一项重要的技能，孩子学会与老师相处也是锻炼这项技能的重要途径之一。这里以小 S 为例，他平时学习表现不错，但曾一度困惑于如何理解个别老师对不同学生的态度和看法。在我的鼓励下，他决定主动寻求老师的帮助。

在一次月考后的自习课上，小 S 鼓起勇气向语文老师请教如何提高自己的阅读能力。老师从阅读的方法到阅读的书籍与他进行了深入的交谈。这次交谈对小 S 来说收获颇丰,他不仅得到了针对性的学习建议和方法,还与老师拉近了距离,增进了师生间的友谊。

大多数老师都喜欢善于思考和勇于提问的学生,如果学生都能像小 S 一样,我相信教育将会更加有温度,学生的思考能力也会有质的飞跃。

3.5 脚下有路:解决卡点才能让孩子拥有行动力

文豪上了小学后,学校里规定每天写完的作业都需要家长检查并签字。这项工作起初大多由他妈妈负责,但有时候他也会找到我。我始终坚持一个原则:检查应该是孩子自己的任务,我只负责签字。我希望通过这样的方式,培养文豪独立完成作业和自我检查的习惯。

然而,我发现文豪虽然明白这个道理,但在实践中却常常做不到。他更倾向于依赖妈妈进行检查。于是,我决定与他进行一次深入的谈话,进一步阐述自我检查的重要性。我告诉他,写作业加上检查才是一个完整的作业流程,即使学校没有要求,自己也应该养成检查的习惯。这不仅有助于发现并纠正错误,还能培养独立解决问题的能力和承担责任的能力。

文豪这时似乎更多地明白了我的"良苦用心",但他又提出了一个他的担忧。他觉得自己检查作业的作用不大,因为总是有些错误自己不能检查出来。如果父母帮忙检查,他的作业本上就会都是大大的红勾或100分。

现在我才明白了,原来明白道理却不能做到的原因是其中还有"内情"。实际情况是,他自己检查作业时的确会有错误检查不出来,另外他还存在一个心理需求,就是希望看到的都是大大的红勾或100分,而害怕作业本上会出现老师的改错提示。

于是我又和文豪讲了一个理念:最终的目的是学会知识,而不是要追求满满的100分。我还与他一起探索了更有效的检查作业方法,例如制定检查清单、使用不同颜色的笔进行批改等。

通过这次交流,解决了他心中的困惑,他开始关注错误的积极作用,而不仅仅是关注分数。

为了进一步巩固这一习惯,我还与文豪的妈妈进行了沟通，确保家里在对待作业检查问题上保持一致的态度。经过一段时间的坚持和努力，文豪终于养成了独立完成作业和自我检查的习惯。他不再依赖我们的帮助，而是能够自信地独立完成学习任务。

几年后，当再次提起这个话题时，文豪感慨地说，这种独立完成的习惯对他产生了很大的影响，让他在学习和生活中都受益匪浅。

这里需要注意的是，每个孩子和家庭的情况都是独特的。文豪的案例只是众多家庭教育实践中的一个例子。在引导孩子建立良好的习惯时，家长需要根据孩子的性格、兴趣和能力等因素制订适合他们的方法和策略。同时，家长也需要保持开放和灵活的心态，不断调整和改进自己的教育方法，以适应孩子不断变化的需求和成长。

3.5.1 找到不行动背后的隐藏因素

家长往往有一个误解，认为孩子天性难以自我控制，只有严格规范和制度约束才能让他们步入正途。但实际上，孩子天生具备模仿和学习的能力，他们向往优秀，只是在成长过程中，遇到自己无法理解和克服的困难时，才表现出不认真或不配合的行为。

因此,我们必须深入孩子的内心世界,了解他们的真实想法和困难所在。只有当我们真正帮助他们解决了困惑,找到了问题的症结,才能有效地引导他们。在这个过程中,信任和理解是关键。我们要相信孩子的动机是好的,他们只是缺乏正确的方法和理解。

教育孩子是一个长期且复杂的过程,需要我们的耐心和细心。通过深入了解孩子、提供有效方法和持续引导,才能帮助他们建立正确的习惯和价值观,为他们的未来打下坚实的基础。关于更多具体的教育方法和案例,我们将在后续内容中详细介绍。

3.5.2　关于行动力的秘密

父母们无不希望自己的孩子能够独立自主,具备强大的行动力。但现实中,许多孩子却似乎缺乏这种自觉性。那么,如何才能真正培养孩子的独立性和行动力呢?

第一,从日常小事中培养独立性。

每天清晨,家长们都会面临一场"起床大战"。孩子赖床不起,父母则反复催促。类似的情况在吃饭时也经常上演。其实,这些日常小事正是培养孩子独立性的绝佳机会。

父母们可以尝试调整一下策略,不要单纯依赖催促和命令。比如,可以让孩子自己设置闹钟,并承担因起床晚而产生的后果(如错过早餐、上学迟到等)。这样,孩子就能逐渐学会为自己的行为负责,从而培养出更强的独立性。

第二,给予孩子选择的权利。

很多时候,父母过于强调规则和时间表,却忽略了孩子的个性和需求。事实上,给予孩子一定的选择权,不仅有助于培养他们的自主性,还能让他们更加乐意去执行某些任务。

例如,在安排课外活动或家庭作业时,可以让孩子参与决策过程,选择他感兴趣的内容。这样,孩子就能感受到自己的意见被重视,从而更加积极地投入到活动中去。

第三,激发孩子的内在动力。

要培养孩子的行动力,关键在于激发孩子的内在动力。这需要父母深入了解孩子的兴趣和爱好,以及他的成长目标和价值观。

当孩子对某件事情充满热情时,他会全身心地投入其中,无须外界过多干预。因此,父母应该关注孩子的兴趣所在,为他提供足够的资源和支持,让他在自己感兴趣的领域自由探索和发展。

第四,设定明确且可实现的目标。

设定明确且可实现的目标对于培养孩子的行动力至关重要。一个遥远而模糊的目标很难激发孩子的积极性;相反,一个具体而可行的目标则能让孩子看到努力的方向和成果。

父母可以与孩子一起制订目标计划,并分解为每天可执行的小任务。这样,孩子就能在完成每一个小任务的过程中逐渐积累成就感,从而增强自己的行动力。

第五,以身作则,成为孩子的榜样。

父母要以身作则,成为孩子行动力培养的榜样。孩子天生善于模仿,他会观察并学习父母的言行举止。

如果父母们自己能够做到言行一致、自律自强,那么孩子们在耳濡目染之下自然也会受到积极的影响。因此,父母们应该注重自身的修养和提升,为孩子们树立一个良好的榜样。

第四章

知心理：解决更深层的问题，孩子才会更有力量

——孩子的各种问题都可以被指到快乐与希望的方向！

沟通和心理疏导在教育孩子的过程中是至关重要的。我们如何洞察孩子的心理状态，如何采用有效的沟通方式帮助他们解决实际问题，让他们能更有效地理解和应对生活、学习中的各种困难，都是有方法可循的。本章将展示那些能产生神奇效果的方法，包括沟通技巧等。工欲善其事，必先利其器。通过了解和掌握这些方法，我们都能成为擅长沟通的父母。

我经过总结和梳理，提炼出父母与孩子有效沟通的五个方面，如下图所示。

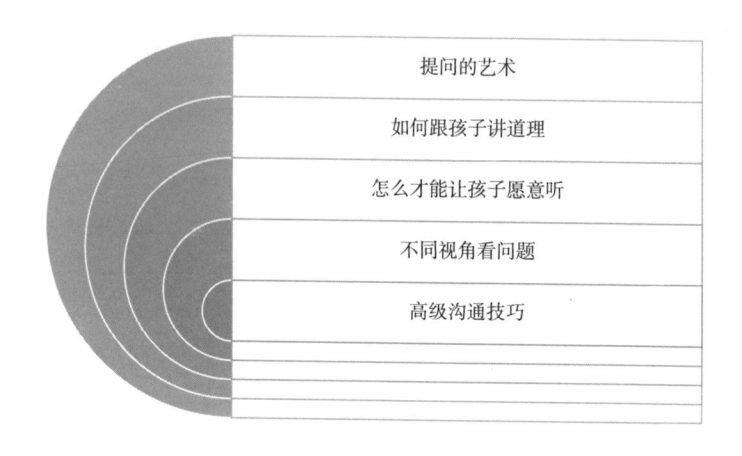

- 提问的艺术
- 如何跟孩子讲道理
- 怎么才能让孩子愿意听
- 不同视角看问题
- 高级沟通技巧

4.1　父母焦虑、孩子抑郁，解决方案在哪里

为什么父母总是那么焦虑，而孩子有时又会感到抑郁呢？在家庭教育中，我们都是怀着为孩子好的心。说实话，孩子内心深处又何尝不是想要做好呢？尽管我们有着共同的目标，但相处过程中为何总是感觉那么难以协调，仿佛行走在两条平行线上？

孩子正在成长的过程中，自然会让父母看到很多看似不够成熟的现象和行为。但是这些问题的发生往往并非我们简单以为的不懂事甚至是故意为之，而是背后总有着他们自己认为合理的理由或因素。

第四章 知心理：解决更深层的问题，孩子才会更有力量

我们需要真正搞清楚背后隐藏的原因或误区，帮助他们梳理清晰，让他们明白更正确的方式和原理，才能更好地协助他们。

心理学有一个流派叫作认知疗法，我们可以简单理解为一种通过改变观念来改变行为的方法。当帮助孩子建立起正确看待事物的观念时，也就更容易改变孩子的行为，使孩子更自然地采取正确做法。下面我们先看两个案例：

> 有一位家长这样说起她女儿的困扰："我女儿特别不愿意在人前表现，尤其是唱歌。音乐老师很喜欢她，每次上课都鼓励她唱，但她总是非常抗拒。后来她竟然开始逃课，找各种理由不去上课，我真是束手无策。"

通过与这位家长的深入交流，我帮她分析了问题所在，并提出了可能的解决方案。孩子做事，很多时候都是依靠自己对事物的理解来做出反应的。这些理解可能源于孩子对某些事物的不完整看法，或者过去的一些不愉快经历。所以，关键是要搞清楚孩子真正的顾虑或恐惧是什么。

对于唱歌这件事，我们首先要了解孩子心里到底有什么特别的抵触。是怕同学笑话？还是觉得自己唱不好？或者是不愿意在大家面前表现？要解决这个问题，我们就得在观

念上给孩子一些正确的引导,帮助她走出误区。

比如我们可以告诉孩子:"唱歌其实是一种享受,也是一种练习。没有人天生就能唱得很好,大家都是通过练习才慢慢变得擅长。勇敢的孩子总是能赢得大家的敬佩,所以只要你大胆地唱出来,哪怕唱得不太好,也会受到大家的欢迎。相反,如果你总是逃避不唱,反而会给人留下不好的印象。"

另外,我们还要让孩子知道,老师经常鼓励她唱歌是因为喜欢她、欣赏她。如果她总是拒绝老师的好意,那老师也会感到伤心的。

当然,除了这些观念上的引导之外,我们还需要在具体行动上给予孩子一些支持和鼓励。比如陪她一起练习唱歌、在她表现得好时给予及时的赞美和奖励等。这样孩子才能慢慢建立起自信心和勇气去面对自己的问题。

总之,要想真正解决孩子的问题,就得先深入了解他们的想法和感受,然后再针对性地给予帮助和支持才行。

> 有一天,我和小I闲聊时,他提到最近老师在课堂上提问他的次数不多。原来是因为老师通常会让举手的同学回答,而他自己举手比较少。我好奇地问:"小I,你为什么不举手呢?"他有些犹豫地说:"我想举,但是不敢举。我怕

第四章 知心理：解决更深层的问题，孩子才会更有力量

回答错了，老师会生气，同学们会笑话我。"

我听出了小I的顾虑，于是轻声地说："你知道吗，其实老师并不会因为同学回答错误而生气。相反，他们更喜欢看到大家踊跃参与，勇敢地表达自己的想法。而且，同学们之间也不会因为回答错误而笑话彼此。每个人都有可能犯错，这是很正常的。"

为了让他更明白，我继续问："小I，你有没有注意到，当其他同学回答错误时，老师是怎么做的？"他想了想，说："老师并没有批评他们。"我又问："那同学们呢？他们会因为这个而笑话那个同学吗？"小I说："有时候，同学们会笑一下，但并不是恶意的。"

我趁机引导他换位思考："那当你看到其他同学勇敢举手，即使回答错了，你会觉得他们怎么样呢？"小I沉默了一会儿，然后说："其实，我觉得他们很勇敢，让人佩服。"我鼓励道："对呀！勇敢举手的同学总是能赢得大家的尊重和敬佩。所以，你也不用担心回答错误会被大家笑话。"

最后，我温和地说："小I，老师在课堂上是希望看到大家都能积极参与的，这样课堂才会更有活力。如果你总是担心犯错而不敢举手，那老师可能也会感到有些失望。下

次试着勇敢一点,好吗?"小I点了点头,表示他明白了。

过了几天,我又遇到了小I,他主动告诉我:"最近我已经开始经常举手了,老师也会经常提问我。感觉好多了!"我笑着拍了拍他的肩膀:"很棒!继续保持这种勇敢和自信的态度哦!"

我们可以通过使用一些沟通技巧来认识孩子行为背后的观念,甚至达到改变这些观念的效果。

上面的案例中,我在和小I的交流中,用了一个最基础却很重要的沟通技巧——提问。

提问是最简单的沟通方法,但是很多人没有意识到,或难以较好运用。多数情况下,父母容易直接针对表面看到的问题进行表达,或者直接提出该怎么做的要求。然而,语气良好、能提出好问题的提问,可能更容易让孩子接受,并愿意吐露出自己的真实想法。特别值得一提的是,<u>通过提问,我们可以引导孩子自己得出结论和做决定。人往往更愿意做自愿的事情,而不喜欢被别人安排。</u>

孩子的很多问题源于对事物的片面理解以及个人的感觉和体验。为了了解这些观念的误区并消除不良感觉的影响,我们需要搞清楚孩子的真实想法,并针对性地解决。这

第四章 知心理：解决更深层的问题，孩子才会更有力量

样才能帮助他们克服所遇到的困难。

当然，解决观念误区也需要一些正确的方法和步骤。单纯地说教往往起不到好的作用，我们需要通过有效的沟通和引导来帮助孩子建立正确的认知。这将是一个持续的过程，需要我们的耐心和关注。具体做的时候可以参考以下注意事项：

首先，我们不应该仅仅看到孩子行为问题的表面，而是要深入了解其内在的原因。

例如，当小 I 不敢举手时，我询问了他背后的原因。然后，根据他片面的认知继续提问，以帮助他从更正确的角度看待这个问题。如果我们不去探索行为背后的原因，而是直接给予表面的建议，比如告诉男孩子要勇敢，那么可能无法收到良好的效果。

其次，作为父母，我们需要具备全面、多角度看待问题的能力，并能给予孩子细致耐心的解释。

以成功与失败、正确与错误的关系为例，每个人天性中都希望看到好的结果，因此对错误和失败有一种本能的厌恶和恐惧。然而，成功往往是由失败组成的。通过改进型的失败，即不断尝试并改进方法，我们最终可以取得成功。因此，面对孩子的错误或不满意的表现时，我们不必过于敏感，而

是应该以平常心来对待,将注意力放在如何改进和下次做得更好上,而不是抱怨错误。

此外,为了更有效地帮助孩子,我们需要学习和思考人成长的过程原理。

在心理学中,安全感是一个重要的概念。要理解安全感,我们可以从匮乏感入手。匮乏感是指小时候渴望得到却无法满足的东西所留下的遗憾感觉。这种匮乏感可能会在孩子内心留下痕迹,并在未来的工作生活中影响他们的表现,如自私、小气等。因此,作为父母,我们应该尽量满足孩子的合理需求,以弥补这种缺憾。同时,我们也需要意识到父母的焦虑和孩子的抑郁往往来自彼此之间的不理解和限制。通过掌握好日常相处的方式方法,就可以有效地解决相关问题。

4.2　苦口婆心讲道理,为什么孩子总不听

在教育孩子的过程中,父母们常常会发现,单纯地讲道理往往效果不佳。其实,问题的关键并不在于是否能与孩子讲道理,而在于我们如何讲道理。很多时候,我们讲的道理对孩子来说可能太陈旧、太迂腐,或者太过唠叨,让孩子感到

第四章 知心理：解决更深层的问题，孩子才会更有力量

厌烦。那么，该如何与孩子有效地讲道理呢？让我们通过一个案例来探讨一下。

小M是一名四年级的学生，有一天他回家后一脸不高兴。他的妈妈问他，他也不回答，他的妈妈很担心小M，于是他的妈妈找了一天就带着小M来了我这里。我问他那天发生了什么，他怒气冲冲地说："新来的数学老师很讨厌，总是批评我。"

我试着理解他的感受："哦，听起来你那天在数学课上遇到了一些不愉快的事情。"

小M点了点头，继续说："是的，我那天有道题做错了，他就说'你真是太笨了'。还有，我明明认真听课了，可他却因为我动了一下就批评我。"

我感受到小M的愤怒和委屈，于是轻声安慰他："我明白你的感受，被老师批评确实让人不舒服。也许老师只是希望你能更好地掌握数学知识，但他用的方式可能让你感到受伤了。"

小M的情绪稍微平复了一些，但仍然坚持说："我现在很讨厌他，不想上数学课了。"

我意识到这是一个很好的深入了解问题的机会，于是

我开始和小 M 聊起了关于如何看待学习和老师的关系的话题。

"小 M,你觉得学数学是为了谁呢?"我问。

小 M 想了想,回答说:"为了自己吧。"

我继续引导他思考:"那你觉得,如果你因为讨厌老师而放弃学数学,最终受影响的是谁呢?"

小 M 沉默了一会儿,然后说:"是我自己。"

我趁机给他讲了一些关于老师的认识:"老师也是人,他们也会犯错误,也会有情绪不好的时候。我们可以试着理解他们的压力和局限性。当然,如果老师的行为确实让你感到不舒服,你可以尝试和老师沟通,或者向父母、学校寻求帮助。但无论如何,放弃学习都不是一个好的选择。"

小 M 听了我的话,似乎有所触动。他点了点头,说:"我明白了,我会试着去理解老师的。"

通过这个案例,我们可以看到,与孩子有效地讲道理并不是一件简单的事情。我们需要用亲切的语言、平等的态度结合具体的情境来与孩子沟通,只有这样,我们的教育才能做到正正地深入人心。那么,父母应该如何跟孩子讲道理呢?

父母和孩子讲道理有时真像是一场"心理战"。我们总希

第四章 知心理：解决更深层的问题，孩子才会更有力量

望孩子能听进去，但往往说得越多，他们似乎越不买账。其实，与孩子沟通，关键在于我们如何用心、用情去讲那些小道理。

首先，记得给道理加点"新鲜感"。

想象一下，如果每天都是那几句话，孩子听着耳朵都生茧了。所以，试试换个角度，或者找些孩子还没听过的新观点，让他们感受到："哇，原来还可以这样想啊！"

其次，让道理变得"有滋有味"。

我们不仅要告诉孩子怎么做，更要解释为什么这么做。一起聊聊事情的前因后果，让孩子感受到我们的关心和用心。比如带孩子一起购物时，可以趁机引导孩子思考："你觉得这个决定怎么样？""如果换种方式会怎样？"这样，孩子就会慢慢学会从不同角度看问题。

再次，给孩子一个"温暖的拥抱"。

父母给孩子讲道理时，要注意孩子的情绪和反应。如果他们显得不耐烦或困惑，那就先停下来，给他们一个拥抱，告诉他们："没关系，我们一起慢慢想。"让孩子感受到，即使犯了错，也有爸爸妈妈的支持和理解。

最后，记住要"平等交流"。

孩子虽小，但也有自己的想法和观点。所以，我们别总是居高临下地命令或指责，而是蹲下来，与孩子平视，用温柔

的声音问他们:"你是怎么想的呢?"这样,孩子才会更愿意与我们分享他们的内心世界。

总之,与孩子讲道理并不是一件难事。只要我们用点心、用点情,相信孩子们一定能感受到我们的爱和关怀。一起努力吧,让家成为孩子最温暖的港湾!

4.3 孩子不愿交心?学会沟通才能让孩子愿意听

沟通是个"技术活",尤其是父母和孩子之间的沟通。有时候,我们觉得很简单的事情,孩子就是理解不了,或者不愿意接受。这一节,我们一起来探讨一下,如何才能让孩子愿意听。

小N最近有点烦心事。他觉得学英语没啥用,看到身边的同学也不怎么学,就更加坚定了自己的想法。妈妈知道后,很着急,因为她是英语专业毕业,深知英语的重要性。可是,她跟小N讲了一大堆道理,小N就是听不进去,还越来越反感。

一天,小N的妈妈来找我,让我帮帮她。我和小N的

第四章 知心理：解决更深层的问题，孩子才会更有力量

妈妈、小 N 约在一个咖啡厅见面，小 N 妈妈把小 N 交给我后，她选择坐在了离我们有点距离的位置。我轻轻拍了拍小 N 的肩膀，说："小 N，你觉得学英语没用是吗？其实你说的也有一定道理。"小 N 有点惊讶地看着我，没想到我会认同她的说法。她还有点疑惑，但显然开始产生了继续聊下去的兴趣。我笑了笑，说："英语在某些方面很有用，你认同吧？"小 N 点了点头。我接着说："我们一起来看看英语在哪些方面有用，好吗？"于是我们一起"头脑风暴"，找出学英语有用的地方。如将来要出国旅游或者看外国电影，英语就能帮上大忙。英语还是世界通用语言，掌握了它，我们就能和更多的人交流，了解更多的文化，等等。

我继续说："当然啦，学英语确实有点难，特别是刚开始的时候。但是只要我们找到适合自己的方法，慢慢磨炼自己的技巧，就一定能够学好。你知道吗，其实有很多有趣的事情都和英语有关。比如，有些英文歌曲特别好听，如果我们掌握了英语，就能更好地享受这些美好的东西。"

这时，我看到小 N 的表情有所舒展，我继续说："要不我们一起来试试看吧！找一些有趣的英文歌曲或者电影，一边学习一边享受。说不定你会发现，其实学英语也是一

件很有趣的事情呢！"小N犹豫了一下，然后点了点头。我顺手打开了手机里的视频App，并问："你喜欢看哪种类型的电影？"小N说："我喜欢看动画片。"我根据他的要求，从中挑选了一部好看的动画片，就这样，我和小N一起开始了英语学习之旅。在看的过程当中，我给他讲解电影的背景和简单的英语单词及可以用到生活中的句子。慢慢地，小N发现学英语并没有那么可怕，反而变得越来越有趣。电影看到一半，小N已经记住好几句话，而且他很会活学活用。

所以当孩子有心事的时候，我们不妨试着换一种方式和他沟通。用亲切的语言、生动的例子和有趣的故事来吸引他的注意力，让他感受到我们的关心和理解。相信这样，孩子一定会更愿意向我们敞开心扉。

让孩子愿意听的方法有以下三个：

第一，找到共鸣点，建立情感连接。

当孩子向我们表达他们的想法时，即使这些想法在我们看来有些幼稚或简单，我们也要努力找到其中的合理之处。这样做是为了与孩子建立情感连接，让他感受到我们的理解和支持。想象一下，当孩子觉得我们与他站在同一战线上时，他会特别愿意与我们分享更多的内容。

第二，启发式提问，激发孩子思考。

一旦我们与孩子建立了共鸣，就可以通过启发式提问来引导他进一步思考。这样做的好处是，孩子不仅能够锻炼自己的思考能力，还能逐渐学会从多个角度看待问题。

第三，共同得出结论，增强孩子自信。

在沟通的过程中，我们要尽量让孩子参与进来，共同得出结论。这样做不仅能够增强孩子的自信心，还能让他更有动力去执行自己提出的解决方案。记住，我们要成为孩子的引导者和支持者，而不是直接给出答案或批评。试着用鼓励的语气说："我觉得你的想法很有创意，我们一起来试试看吧！"这样的表达方式会让孩子感受到我们的支持和信任。

除此之外，在与孩子沟通时，尽量使用温暖、亲切的语言表达；倾听时最好能全神贯注，不要打断或急于给出自己的意见；当孩子向我们表达他们的想法或做出努力时，我们要及时给予正面反馈和鼓励。

4.4　学会以不同视角来看待问题

掌握人际关系的能力是每个人成长的必修课。下面，我将通过一个案例来介绍如何让孩子学会处理人际事务。

> 回想起学生时代,我们总是怀念那些与同桌共度的美好时光。但小Q对自己的新同桌感到困扰。他说:"他的同桌上课时经常大声发言,声音粗犷,让他无法专心听课。更让他难受的是,同桌还会不时地翻看他的作业,偶尔还会露出不屑的表情。"俩人交流起来,也常常是话不投机。小Q感到很无助。

我通过心理学中的"认知重构"技术,帮助他转变看待同桌的行为,并从中找到了积极的意义。

认知重构,是指通过改变或调整一个人的思维方式和认知模式,来重新评估和解读某个情境、事件或情绪,从而促使其产生更积极、更适应性的心态和行为反应。在这个过程中,个体可能会发现原先被忽视的积极方面,或者以不同的视角来看待问题,进而减少消极情绪,增加应对困难的能力。

我问小Q:"这位同桌的行为虽然给你带来了一些困扰,但你有没有想过,她可能也在以另一种方式帮助你成长呢?"小Q沉思片刻后表示,同桌的行为确实让他学会了更多的人际交往技巧,也锻炼了他的耐心和包容心。

当小Q开始以这种积极的心态去看待同桌时,他发现两人之间的关系也在悄然发生变化。他不再那么抵触同桌的行为,而是尝试从中寻找对自己有益的部分。这种转变不仅改善了他与同桌的关系,也让他在其他人际关系中更加游刃有余。

通过这个案例,我们可以看到"认知重构"的魅力。它在日常生活中同样具有广泛的应用价值。比如,当我们面对工作中的挫折或家庭中的矛盾时,也可以尝试运用"认知重构"来转变自己的心态和看法,从而找到解决问题的新思路和新方法。

4.5 高级沟通技巧,学会解决孩子的各种难题

每一个孩子都是在跌跌撞撞、犯错改正的过程中成长起来的。作为父母,我们应如何帮助孩子处理好这些"成长中的绊脚石"呢?

让我们先来看两个常见的家庭场景:

场景一:打碎的碗

"啪!"一声脆响,小杰的妈妈急忙冲进厨房。她看到地上满是碗的碎片,而小杰则站在一旁,手足无措。

"小杰,这是怎么回事?"妈妈的语气严厉,"怎么总是这么不小心?"

小杰小声辩解:"妈妈,我不是故意的。"

"你就不能小心一点吗?"妈妈的声音越来越大,"你总是这样,毛手毛脚的,什么时候才能长大?"

小杰的眼眶红了,妈妈无奈地叹了口气,蹲下身来收拾碗的碎片。

场景二:考试失利

小丽拿着成绩单,忐忑不安地回到家。她知道自己的成绩不理想,尤其是数学,只考了60分。

妈妈接过成绩单,一眼就看到了那个刺眼的60分。她的脸色立刻沉了下来:"小丽,你怎么考得这么差?平时让你多做题,你就是不听!现在好了,这么简单的题目都不会做!"

小丽试图解释:"妈妈,我其实有些题目不会做……"

"不会?不会做你不会问吗?"妈妈打断了她的话,"你看你同学小芳,每次都考那么好。你怎么就不能多向她学习学习?"

第四章 知心理：解决更深层的问题，孩子才会更有力量

> 小丽的眼泪在眼眶里打转。她觉得自己已经很努力了，但是妈妈总是看不到她的进步。她默默地接过成绩单，转身回到了自己的房间。

这样的沟通方式真的有效吗？孩子能从中认识到错误并改正吗？恐怕很难。那么，我们该如何改变这种局面呢？

其实，关键在于我们如何与孩子沟通。这里给大家提供一个有效的沟通技巧：关照心情、改变方向、挖掘亮点、引导行动。

以"考试失利"这个场景为例，我们可以这样与孩子沟通：

"考试没考好，看起来你有点失落呢。其实妈妈知道你对自己有要求，这次没考好是不是因为有些地方没复习到或者粗心了？没关系，我们一起看看错题，总结下经验，下次就能避免同样的错误了。而且，妈妈注意到你这次考试中有一些难题都做对了，这说明你的知识掌握得还不错。这样，我们一起来制订一个学习计划，争取下次考个好成绩吧！"

这样的沟通方式不仅让孩子感受到了妈妈的理解和支持，还帮助他从失败中找到了积极的一面，激发了他的改进动力。下面我来详细介绍这几个技巧。

第一步：关照心情

在沟通开始时，父母首先要关注孩子的情绪状态。情绪

是影响沟通效果的关键因素。当孩子处于不太好的情绪中时,他的理性思考能力可能会受到限制。所以,建立情绪共鸣很重要。例如,面对考试失利的孩子,父母可以说:"我知道你对这次的成绩感到失望,这确实是一件让人难过的事情。"这样的回应能够让孩子感到被理解和支持,为后续的有效沟通打下基础。

第二步:改变方向

在建立了情绪共鸣后,父母需要引导孩子将注意力从负面结果转向积极的方面。这可以通过寻找问题中的学习机会、成长点或孩子表现出的优点来实现。例如,父母可以说:"虽然这次考试的成绩不理想,但我看到你在某些题目上做得很好,这说明你在这些知识点上掌握得还不错。我们可以一起看看哪些地方可以改进,争取下次做得更好。"这样的引导能够帮助孩子从挫败感中走出来,看到问题的积极面,并激发孩子改进的动力。

第三步:挖掘亮点

在沟通过程中,父母需要发现孩子身上的进步,并给予及时的鼓励和肯定。这能够增强孩子的自信心和积极性,让孩子更加愿意面对挑战和努力改进。例如,父母可以说:"我注意到你在这个学期里学习态度更加端正了,作业也完成得很好。这些进步都是值得肯定的,我相信你能够继续保持并做得更好。"这样的鼓励能够让孩子看到自己的努力得到了认可,从而激发自身的内在动力。

第四步:引导行动

最后,父母需要与孩子一起制订具体的行动计划,以支持孩子的改进和发展。行动计划应该具体、可行,并明确时间节点和评估标准。例如,父母可以与孩子一起制订一个学习计划,明确每天的学习时间和任务,并定期进行检查和评估。这样的行动计划能够帮助孩子将目标转化为实际行动,并逐步实现自我提升和成长。

这四个步骤的顺序并不是固定不变的,而是可以根据实际情况进行灵活调整。关键在于父母要保持开放的心态和积极的态度,与孩子建立平等、尊重的沟通关系,共同面对挑战并实现成长。

第 五 章

帮学习：破解学习的密码，学会学习，超越学习

——学习的最高境界，是和万物学习！

在我们现今的家庭教育中，学习无疑占据了核心地位。尽管我们可以谈论无数个话题，但在父母的心目中，学习的分量往往是最重的。父母们都怀揣着对孩子素质教育、全面发展的美好愿景，然而当孩子步入学习期，尤其是小学高年级、初中和高中阶段，许多父母会深切地感受到学习成了他们最关注的焦点。

这种现象不仅源于个人的教育理念，也与学校、社会乃至整个环境对学习的高度期望密切相关。那些学业出色的孩子往往能为父母带来羡慕和尊重，而学业平平的孩子则可

第五章 帮学习：破解学习的密码，学会学习，超越学习

能让父母感到失落和自卑。

我注意到，有些父母竭尽全力，甚至想要将孩子送入名校、名班，似乎只要进入了某个特定的学校，一切问题便能迎刃而解。然而，学习作为孩子的主业，无论他们是否愿意，都需要在课堂上度过大量时间，完成各种作业和练习。既然这些任务无法避免，那么提高学习效率、找到学习的乐趣便显得尤为重要。

然而，要想在学习上取得优异成绩，并非简单地依赖于外在条件，如名校、名班等。更为关键的是要深入理解学习原理，掌握有效的学习方法，并根据孩子的特点和需求，提供全面而有针对性的帮助和资源。

我经过总结和梳理，提炼出成为学习高手的五大要素，如下图所示。

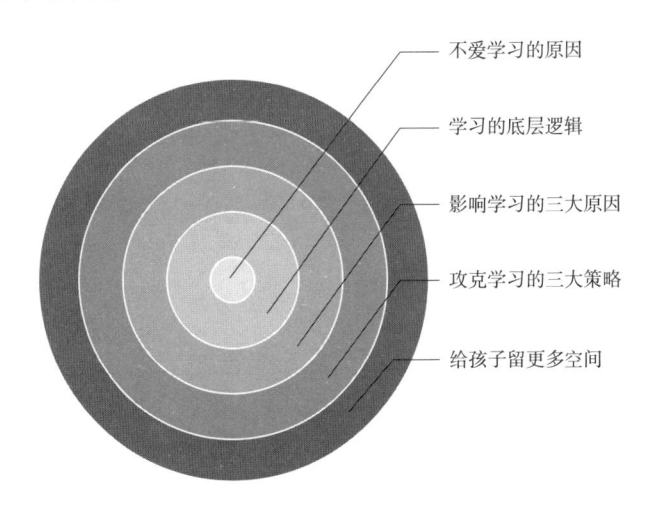

- 不爱学习的原因
- 学习的底层逻辑
- 影响学习的三大原因
- 攻克学习的三大策略
- 给孩子留更多空间

5.1 不爱学习？找到原因并激发兴趣

知识的积累是一个从点到面的过程。我们需要从孩子的兴趣入手，逐步引导孩子拓宽知识领域，强化对知识的兴趣。就像星星之火可以燎原一样，我们不仅要教会孩子学习，更要激发孩子对学习的热爱。

兴趣是最好的老师，这是大家都明白的道理。我们都希望孩子能在快乐中成长，但如何实现这一目标呢？

在文豪没上小学前，由于我工作的原因，我们并不常在一起生活。直到他快上小学时，我们才开始在一起生活。

望子成龙、望女成凤是父母的天性。然而，如何让孩子爱学习、会学习、能学习，对于大多数父母来说都是一个难题。我希望孩子的学习是主动的，而非被迫的；是自我探寻的，而非被迫的；是快乐的，而非痛苦的。

文豪上了小学后，我很希望他能够独立阅读纯文字图书。虽然学校开始教拼音，但我发现他学得并不快。于是，我决定教他背诵拼音字母，并有意陪他一起阅读他喜

第五章 帮学习：破解学习的密码，学会学习，超越学习

的图画书(带有拼音和汉字)。慢慢地，他掌握了拼音，并能够熟练阅读。后来，我为他提供更复杂的图书，从拼音图画书过渡到汉字图画书，再到纯文字图书。

他的阅读速度和理解能力得到了提高。在我的讲解下，他对历史类书籍的兴趣逐渐加深。同时，我还引导他了解近现代史和西方历史。

除了历史书籍外，他还喜欢看漫画书。最早的一套是《神奇宝贝》。他曾经画过各种人物关系图并做记录，甚至一度开始尝试自己写故事。

那些故事里有自己设想的各种人物名称和故事情节。其中虽然有些模仿和幼稚的根源，但正是因为孩子们对某件事物产生浓厚的兴趣时，他们才会全身心地投入其中，进行深入的探索和学习。

兴趣到学习的过程：

- 从感兴趣的图画三国到更广泛的历史探索；
- 从喜欢的动画到深入理解复杂的知识与逻辑；
- 从欣赏与模仿到独立的创新创造；

如果能够将兴趣巧妙地融入学习的各个环节中，孩子的学习就会变成一个自动自发、自然而然的过程。

5.2 一个公式破解学习的底层逻辑，让学习不再成为难题

对于大部分父母来说，让他们心急火燎、终日不安的最多因素就是孩子的学习了。许多父母都为孩子的学习感到焦虑不安，他们总是抱怨孩子在其他方面表现良好，唯独学习不用心。甚至有些家长因此流露出绝望感，内心充满痛苦和无奈。父母将学习放在首位，但面对诸多学习问题时却常常缺乏有效的解决方法。

小 U 就是这样一个例子，他在学校的成绩一直不尽人意。尽管每天按时上课，但他在课堂上总是注意力不集中，经常走神。他对老师的讲解不感兴趣，常常感到无聊和困倦。

小 U 的父母对他的学习状况深感担忧，尝试让他参加了注意力和记忆力的培训，以期提高学习效率，然而效果并不显著。小 U 在写作业方面同样效率低下，总是拖延做作业，沉迷于游戏或电视，导致作业常常熬夜完成。

为了解决这一问题，父母为小 U 制订了详细的学习计

第五章 帮学习：破解学习的密码，学会学习，超越学习

划，期望他能按时完成作业，并安排固定的学习时间。然而，小U并未能很好地执行这个计划，总是找各种借口逃避学习。就这样，他的成绩变得愈发糟糕，父母变得愈发焦虑。

后来，小U的父母决定聘请一位家教来辅导小U。家教提供了一些学习方法和技巧，希望能提升他的学习效率。但遗憾的是，小U仍然难以集中注意力和专心学习。

看到这里，我们不禁要思考：学习究竟有多难？事实上，当我们深入了解学习的原理和规律后，会发现学习并非想象中那么难。

这里提出一个公式"学习＝理论×实践的N次方"，通过不断交叉循环理论和实践，可以逐步攻克学习难题，取得显著进步。这里以我学游泳的经历为例。

一开始，我只是盲目地在水中扑腾，没有任何进展，甚至还呛了几口水。但是，当我决定寻求帮助并学习正确的游泳姿势和呼吸技巧时，一切都开始发生变化。通过不断的练习和总结，我逐渐掌握了游泳的技巧，并享受到在水中畅游的快乐。

同样地,学习也需要正确的理论和实践相结合。我们需要先了解基本的理论知识,然后通过实践来应用和巩固这些知识。在实践中,我们可能会遇到困难和挑战,但这正是我们回顾理论、寻找解决方法并再次实践的机会。通过这样的循环往复,我们可以不断地提高自己的学习能力。

回到小U的案例,我深入与他交流后发现,他并非表面上的不爱学习或厌学。事实上,他内心渴望取得好成绩。然而,由于过去在学习中屡遭挫折,又有来自父母和老师的压力,他逐渐失去了信心,不知道如何改进,而这也正是小U逃避学习和产生厌恶情绪的根源。

我向他解释了每个人都具备学习的能力,详细介绍了如何在学习中应用那个公式。小U听后决定试一试。

我针对他的薄弱环节进行了辅导。随着他对原理理解的加深和不断练习,小U逐渐取得进步。

比如:在数学学习上,在应用学习公式之前,小U在数学测试中平均得分仅为60分(满分100分)。在应用学习公式并重点理解数学基础知识后,他的数学成绩在最近的三次测试中分别提升到了75分、82分和88分。在英语学习上,在应用学习公式之前,小U在英语阅读理解部分经常失分,对文章的理解不深入。通过运用学习公式,特别是加强对文章

第五章 帮学习：破解学习的密码，学会学习，超越学习

结构和上下文的理解，他在最近的英语模拟考试中阅读理解部分只错了两道题，相较于之前有了显著的提升。在自信心上，小U现在更愿意主动提问和参与课堂讨论，甚至在全班同学面前做了一次学习方法的分享。

所以，孩子们并非天生就讨厌学习。解决学习问题的关键在于两点：一是建立学习信心，消除恐惧；二是掌握正确的学习方法和步骤。学习公式能够同时解决这两个问题。

在帮助家长和孩子时，我发现理论与实践脱节是一个普遍问题。在孩子的学习中，实践大多以做题的形式出现。做题是对实际问题的模拟，用于验证理论掌握情况。如果大量做题而效果不佳，很可能是理论知识的不扎实。因此，重视基础知识和规律原理的进一步理解至关重要。这也是为什么我们既要学习书本知识，又要进行具体实践的原因。

家庭教育也是如此。家庭教育为学习公式提供实践环境——父母可以为孩子创造良好的学习环境，提供必要的学习资源，并监督孩子的学习进度。这种实践环境是学习公式中"实践"部分的重要体现，有助于孩子们将理论知识转化为实际能力。

学习公式指导家庭教育的方法——通过理解学习公式，父母们可以更加明确地知道如何辅导孩子的学习。他们可以

根据孩子的实际情况,制订适合的学习计划,提供有针对性的指导,从而帮助孩子建立对学习的信心并掌握有效的学习方法。

因此,家庭教育与学习公式是相辅相成的。只有将两者紧密结合起来,才能真正达到提高孩子学习效果的目的。

5.3 看清影响学习的三大原因

有一次,我在与一家公司的几名管理人员闲聊时,其中一位副总兴致勃勃地向我展示了他四岁孩子的照片。照片中,父子俩正在开心地玩耍,孩子的脸上洋溢着纯真的笑容,这位副总的目光充满了温柔和喜悦。

这张照片自然地让我们切入家庭教育的话题。由于我在家庭教育领域有多年的研究和实践经验,因此在这个话题上我谈得也比较多,他们也都听得非常专注。

当大家谈到孩子可能厌恶学习的原因时,我提出了以下几点:

(1)兴趣原因:孩子可能天然对某些内容不感兴趣或不擅长,这往往是由环境或其他因素造成的。

(2)学科原因:孩子可能认为某个学科没用,因此不愿意学习。这通常是因为对这个学科缺乏了解或存在误解。

(3)老师原因:孩子可能因为不喜欢某位老师或被老师批评、忽视而开始厌恶某一科目。

听到这里,在座的另一位副总深有感触地分享了他的亲身经历。他说,在中学时期,他的数学学得不好,原因是他觉得数学没用。但是现在,他后悔了。

很多父母都会为孩子的学习问题感到操心和苦恼,尤其是当孩子偏科时。下面,我们就来总结和分析孩子学不会某个科目甚至不喜欢学习的几大原因,并提供相应的解决建议。

(1)不擅长:孩子之间存在个体差异,有的孩子擅长逻辑推理,有的孩子则更具备文学细胞。比如:小A是个非常聪明的孩子,但他对数学一窍不通,每次数学考试都是他的噩梦。后来,父母发现他对音乐特别感兴趣,于是鼓励他学习音乐,并尝试将数学与音乐相结合,比如通过音乐节奏来理解数学中的节拍和规律。渐渐地,小A对数学的兴趣也有所提高。

(2)不喜欢:孩子不喜欢某个科目的原因可能多种多样,如不擅长、基础差或不喜欢老师等。比如:小B对英语一直不感兴趣,总觉得英语单词难记,语法也搞不懂。后来,她的父母发现她很喜欢看动画片,于是为她找了一些英文原版的动画片。通过看动画片,小B逐渐对英语产生了兴趣,并开始主动学习。

(3)基础差:基础差是一个相对较难解决的问题,需要父母和孩子共同努力,不能急躁和盲目。解决基础差的一个有效方法是让孩子从自己现有的水平开始学习,逐渐提升。

(4)不喜欢老师:老师对孩子的严厉批评、误解或惩戒可能会给孩子内心留下不好的一面,导致他们不愿意学习该科目。

(5)觉得没用:孩子可能认为某些科目没有实际用处,因此缺乏学习的兴趣。比如:小C觉得学习地理没有实际用处,而且对地理老师讲的内容听得云里雾里,缺乏学习的兴趣。她的父母了解到她的想法后,带她去看了一些地理相关的展览、参加了一些相关的活动,让她亲身体验地理知识在生活中的应用。通过这些经历,小C逐渐改变了对地理的看法,并开始认真学习。

(6)目标不明确:大多数孩子可能缺乏明确的学习目标。父母要引导帮助孩子找到更愿意接受的人生目标,会较大地促进孩子对学习的重视。

第五章 帮学习：破解学习的密码，学会学习，超越学习

其实，在孩子身上，感性的作用往往比理性的作用大。父母需要细心了解孩子的真实想法和感受，及时做出有效的疏导，通过定期的情感交流、关注孩子的情绪变化以及提供具体的帮助和支持，促进孩子的全面发展。

下面依据一些实验统计中的数据，对学习不好的原因进一步给出总结和参考。

类别	问题	建议	父母应对策略
认知与智力	记忆力差、注意力不集中、思维能力受限	通过专业评估了解孩子的认知特点，提供针对性的训练和资源	启发与引导：鼓励尝试不同的学习方法
情绪与情感	焦虑、沮丧、强迫和恐惧等情绪影响学习	建立情感支持网络，提供心理咨询或辅导，帮助孩子管理情绪	情感交流：建立深厚的情感联系，倾听孩子
家庭环境	父母教育方式不当、家庭氛围不和谐	改善亲子沟通，创造积极的学习环境，必要时寻求家庭教育咨询	信任与支持：给予孩子积极反馈和支持
学习动机与兴趣	缺乏明确的学习目标，对学习不感兴趣	与孩子共同设定学习目标，激发内在动机，结合兴趣设计学习活动	个性化教学：制订与孩子兴趣相符的学习计划
行为习惯	不良的学习和生活习惯，如缺乏整理、不善于合作等	耐心观察和引导，设定明确的行为规范，逐步培养良好的习惯	模范示范：以自身良好行为习惯影响孩子

学习方法可以有千万种,但是只有根据孩子自身情况才能对症下药。希望父母们能够对此有科学的认知,帮助孩子们走出学习困境。

5.4　用三大策略,攻克学习的高山

学习是一件有难度的事情,那么,是否存在更高级的方法让其产生神奇的效果呢?其实,本书一直强调的基本功和基础原理,就是"神奇方法"的基石。

除了这些基本功和基础原理之外,我们还需要运用一些其他的策略来辅助学习。接下来,我将为大家提供三个策略,这些策略有助于孩子在学习上取得更高的成就。

策略一:顶层设计

顶层设计就是要从大方向上了解学习目标、内容、标准等。通过了解核心的学习目标和内容,进一步推导,找到适合自己的实现方式。

在确立学习内容和目标时,最好先了解教育部的安排,了解相关的学科方案和相关文件,但大多数家长并不关注。

学科方案中有个重要内容,就是核心素养的解读。每个

科目都有核心素养、总目标、阶段目标、课程标准等。比如，语文的四大核心素养包括文化自信、语言能力、思维能力和审美创造。这些不仅仅是学习知识，更是培养思维能力和表达能力的重要途径。父母可以引导孩子在阅读、写作中锻炼这些能力，加深对语文的理解和应用。数学的三大核心素养则是用数学的眼光观察世界、用数学思维思考现实世界、用数学语言表达世界。这些科学思维方式可以通过日常生活中的例子来具体化，比如购物时比较价格、规划行程时考虑时间和距离等。家长可以引导孩子在这些实际情境中运用数学知识，培养他们的数据思维和模型思维。

当然，除了语文和数学，其他学科也有各自的核心素养和目标。家长可以全面了解孩子所学科目的核心素养，为他们的学习提供更有针对性的指导。

此外，还可以去研究考试大纲、命题标准、阅卷标准等国家推出的其他相关标准，这些都能为学习指明方向。把这些内容相互贯通，并在现实学习中去理解和体会，就会让孩子的学习有目标、有方法，并达到高水平的要求。

策略二：用不同方式学习不同学科

学习虽然有共性，但每个学科不同的特点。把握不同学科的特点，采用相应的学习方法，是提升学习效果的关键。

这里我们主要探讨文科和理科的不同学习方式。

理科学习的核心在于层次性、逻辑性、实验性和明确性。层次性是指,理科知识前后关联紧密,自成体系,因此学习者需要循序渐进,一步一个脚印地打好基础;逻辑性是指,学习者需要具备较强的分析推理能力,能够环环相扣地解决问题;实验性是指,通过实验操作来加深理解和掌握知识;明确性是指,学习者对理科概念和原理要有清晰准确的理解。

其中,逻辑性在文科学习中也非常重要。很多文科生在表达观点时常常抓不住重点,原因之一就是缺乏基本的逻辑训练。因此,无论是理科生还是文科生,都需要重视逻辑思维的培养和训练。

相对于理科学习,文科学习则更注重广泛性、理解性、细碎性和灵活性。文科知识涉及面广且琐碎,需要学习者具备扎实的基础和广泛的课外阅读积累。同时,理解能力和悟性在文科学习中也尤为重要。此外,由于文科知识较为灵活,因此学习者需要学会灵活运用所学知识来解决实际问题。

在具体的学习方法上,各科也有自己的特点。例如,语文学习可以通过模仿、观察和独立思考来提升写作能力;数学学习则侧重于逻辑推理和问题解决能力;物理学习需要结合现实生活来加深对物理现象和原理的理解;化学学习通过实验来掌握化学反应和原理;英语学习注重应用能力的培养;政治、历史和地理学习则需要理清逻辑关系,把握知识脉络。

很多学生之所以在某些学科上感到吃力,往往就是因为没有根据不同学科的特点来调整自己的学习方法。

策略三:形成个性化

每个孩子都是独一无二的,他们的个性特点、倾向偏好、认识理解和环境条件都各不相同。因此,学习的侧重点和适合的方式方法也会有显著差异。在我的咨询中,我会针对每个孩子的独特情况,帮助他们设计适合自己的学习方法和策略。总之,找到学习的关键要素,针对性地解决问题,并系统地规划学习策略,才能真正帮助孩子取得更好的学习效果。同时,还要鼓励孩子在学习过程中发挥主动性,根据自己的进步和反馈不断调整学习策略。

5.5 功夫在诗外,留下更多的空间孩子才能走得更远

学习虽然需要特别关注,但我们也要明白有张有弛的道理。如果弦绷得太紧,就容易断。如果只是逼迫和压制孩子学

习,即使短期内能看到一些效果,从长期来看可能会有很多隐患,比如孩子的创造力和自主学习能力可能会受到抑制。

一次,我与几位朋友喝茶。闲聊间,谈起了孩子的话题。其中一位朋友说孩子进入青春期的种种情况:孩子现在读高一,初中时成绩一直名列前茅,但自从升入高中后,成绩却出现了明显的下滑。她说孩子现在经常不听话,执意要外出与同学们聚会、庆祝生日等。这位朋友在说的时候,情绪显得有些激动和无奈。

就在这时,她的孩子来找她,进门先向我们打了招呼。席间的一位朋友随口问起她孩子的学习状况,孩子坦言数学成绩不太理想,感觉数学很难。我察觉到了孩子的情绪变化,于是插嘴道:"哎呀,一见面就问孩子学习,多没意思啊。不如问问孩子想去哪儿玩,喜欢吃什么。"孩子闻言立刻露出了灿烂的笑容。在场的各位朋友,也都一起笑了。

我说:"孩子都长大了,我们应该给予他们更多的自由。像同学生日聚会这样的事情,如果孩子想去,就让她去吧,平时也应该允许她适当地放松和娱乐。"然而,孩子的妈妈对我的看法并不认同,她担心如果放任孩子自由,她会变得无法无天,甚至晚上也不按时回家。

第五章 帮学习：破解学习的密码，学会学习，超越学习

就在这时，孩子突然在一旁大哭起来。她妈妈责备道："这么大了还哭什么？我这么说你都是为了你好！"然而，这并没有让孩子止住哭泣，反而哭得更加伤心了。

我轻轻叹了口气说道："让孩子哭一会儿吧，如果不是内心真的感到痛苦，她又怎么会当着我们的面如此失控地哭泣呢？"听到我的话，孩子的妈妈似乎开始意识到了孩子内心深处的痛苦，她开始反思自己的教育方式是否过于严厉和限制了孩子的自由。

经过一番沟通和协商后，孩子的父母最终决定放宽对孩子的限制。他们告诉孩子："这回你想参加什么活动就去参加吧，但是一定要按时回家。"孩子听后高兴地点头答应了。

假期到了，我们又聚在一起。我注意到他们对女儿的态度明显变得宽松了许多，不再像以前那样过分限制她的行动。孩子的脸上也重新绽放出了灿烂的笑容，与父母之间的关系也变得更加融洽和谐了。更让我惊喜的是，孩子的学习成绩已经有了很大的提高。

要实现真正的教育，我们不能仅仅停留在表面的行为和动作上，而应该努力理解孩子的想法以及他们在学习过程中所遇到的问题。

如果我们仅仅关注表面现象,就很可能与孩子产生冲突,感觉他们不听话、不懂事,从而形成恶性循环。很多家长在面对这种情况时,会简单地将问题归咎于所谓的青春期。然而,我认为所谓的叛逆期其实是父母们误解或过度强调的一个词语。

事实上,当孩子逐渐长大并拥有自己的思想时,他们渴望自由,希望过属于自己的生活。然而,父母却仍然将他们视为小孩子,进行严厉的管教。父母可能认为在学习的重要时期,孩子不应该参与和学习无关的活动。但真实情况是,父母未能充分认识到孩子已经成长,而非孩子故意叛逆。

要顺利度过青春期,父母需要更好地理解孩子,尊重他们的个人需求。为了提高学习效果,我们应该给予孩子更宽松的时间安排,让他们有机会进行调整和放松。这样才能确保他们在有效的时间和精力内高效学习,而不是要求他们无时无刻地专注于学习。就像顶级运动员在关键比赛中一样,除了技术之外,心态的建设和稳定性同样至关重要。

> 有一位老师,他班上有个调皮的学生。好几个老师都拿他无可奈何。罚站、罚抄写、罚打扫卫生都不起作用;似乎那位学生越是被罚,就越是要逆反,和老师对着干。

第五章 帮学习:破解学习的密码,学会学习,超越学习

后来,这位老师接手了这个学生。与其他老师不同,他采用了一种从未被尝试过的惩罚方法。这种惩罚方法很奇特:学生被要求不要写作业,但必须出去玩,只要不影响别人就行。当他愿意学习时,才容许他回京上课和写作业。

开始的时候,这位学生还很高兴,觉得正合他意。然而,他在外面玩了一两天后,当他在窗外看着其他人都在学习时,开始觉得没意思了。他开始珍惜起了上课的机会,并主动找到老师,说:"我不想玩了,只要让我上课,我再也不干捣乱的事了。"

这个故事很好地说明了一个问题:不是我们越关注什么,就能解决什么。而是需要采用好的方法和策略;否则,越用力就越可能引起他人的逆反和反感。因此,对于孩子的学习来说,事实上无须随时随地去干涉;相反,更重要的是找到有效的方法和策略。

如今,有的父母对孩子的学习成绩期望很大。他们希望孩子能考进前十名,进而争夺前三名,甚至争夺第一名。似乎只有名列前茅才能让他们心满意足,其他名次都成了遗憾。然而,我们真的需要如此执着于名次吗?

文豪自从上了初中,每次考试都有所进步。学校每月都

有月考和排名,他从全校二十名逐渐攀升至第一名。当他获得第一名时,虽然也感到高兴,但表现得相对淡定。我和文豪的妈妈一直对名次持相对开放的态度,更希望他能按照自己的规划去发展。我认为,让他接触课本以外的知识非常重要。即使他没有时间深入了解,也应该让他有所涉猎。这样至少能让他对这个世界有更广泛的认识。

<u>如果教育仅仅局限于学业成绩,那么我们就难以谈及真正的综合素质培养。</u>文豪有一位数学老师,他知识渊博,教学水平高超。每当谈论成绩时,他总是坚信文豪应该以接近满分的成绩为目标,努力进入省市重点高中和名牌大学。然而,我希望文豪根据自己的实际情况,为自己留出一些余地,而不总是紧绷着神经。

我并不认为只有第一名或者进入一流学校才是成功的唯一标准。对于那些能够跻身顶尖学府的学生,我为他们喝彩。但同样重要的是,我要关注那些并未总是名列前茅、未能进入所谓"重点"学校的学生。他们同样有着无限的潜力和机会。在这个多元化的社会中,每个人都有自己独特的机会和可能性,每个人都能找到属于自己的成功之路。

第六章

抓关键：找到触动孩子的机关，培养孩子不再难

——高效的唯一方法是抓少数关键

家庭教育是一个复杂的命题，不同的人对家庭教育有不同的理解，即使采用相同的方法，在不同人的实施中也可能产生截然不同的效果。那么，如何找到适合自己的方法呢？

我认为，一个简单的方法就是"找关键，做关键"，即要善于抓住关键要点，在重要的方面给予孩子恰当的支持。这样不仅能让孩子少走弯路，还能让家庭教育变得轻松而有效。

我经过总结和梳理，提炼出四大关键要素，如下图所示。

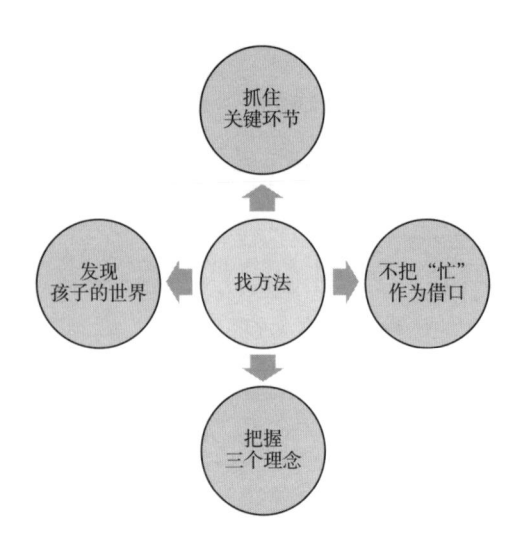

```
        ┌──────────┐
        │ 抓住     │
        │ 关键环节 │
        └──────────┘
             ↑
┌──────────┐ ┌──────┐ ┌──────────┐
│ 发现     │→│找方法│→│ 不把"忙" │
│ 孩子的世界│ │      │ │ 作为借口 │
└──────────┘ └──────┘ └──────────┘
             ↓
        ┌──────────┐
        │ 把握     │
        │ 三个理念 │
        └──────────┘
```

6.1 寻找更有效的教育方法,破解成长过程的疑难

> 一位家长急匆匆地走了进来,她的脸上写满了焦虑和无奈。她简单地介绍了一下自己,然后急切地说:"我听说你们这里是专门研究家庭教育的,真的能有什么特别的办法吗?我孩子都那个样子了,我都对他失望了。各种手段都用尽了,他就是不听你的。"

第六章 抓关键：找到触动孩子的机关，培养孩子不再难

我示意她先冷静下来，然后平静地问她："那么您孩子具体是什么情况呢？能简单说一下吗？"

她叹了口气，说："他就是觉得学习没用，说什么很多社会上成功的人学习也都不怎么样。身边很多人学历不高，照样混得挺好。我和他爸爸费尽了口舌，各种道理都讲了，怎么说都不听。"

我听着她的诉说，感受到了她的无助和无奈。我说："其实他说的也有一定的道理，学校学习的内容的确有一些偏理论的知识，在社会上可能体现不出来。但是，学习不仅仅是为了考试和成绩，更重要的是培养孩子的综合素质和能力。"

她一听我这么说，有点惊愕了，似乎没想到我会顺着孩子的话说。我趁机接着问："那您的孩子有没有想过自己将来想做什么或者喜欢做什么呢？"

她想了想，说："他也没什么具体想法，就是有时候说去创业、去赚钱，或者学个什么技术。"

我说："有想法就挺好的，先不管真假。那么孩子知道做什么能赚钱吗？怎样创业能成功吗？"

她摇了摇头，说："这他肯定不知道。他都是胡说罢了，

也根本不知道要学什么技术,平时也没见他有什么特别的爱好。创业更是瞎想,连自己日常生活都搞不明白,还创业。"

我看着她,语气坚定地说:"其实,无论是创业还是学技术,都需要一定的知识和能力作为基础。而这些知识和能力,正是通过学习获得的。"

她似乎有些被我说动了,语气缓和了些:"我也知道学习重要,可是他就是不学啊。"

我继续引导她:"那您有没有想过,为什么孩子会有这样的想法呢?是他对学习失去了兴趣,还是没有找到适合自己的学习方法呢?其实,每个孩子都有自己的优点和潜力,只要我们找到正确的方法去引导他们,他们一定可以取得进步的。"

她听了我的话,陷入了沉思。过了一会儿,她抬起头来说:"也许你说得对。我以前总是逼着他学习,可能让他感到厌烦了。我应该试着去了解他的想法和需求,找到适合他的学习方法。"

我鼓励她:"这就是一个很好的开始。只有当我们真正了解孩子、尊重孩子的时候,才能找到最适合孩子的教育方法。"

第六章 抓关键:找到触动孩子的机关,培养孩子不再难

后来,这位家长和孩子一起接受了我们的咨询和辅导。经过一段时间的努力和尝试,孩子的学习态度有了明显的改变,成绩也有了显著的提高。这位家长也深刻地认识到了家庭教育的重要性,并学会了如何更好地与孩子沟通和交流。

在与这位家长的对话中,我深刻意识到,在成人世界中,我们常常陷入自以为是的固化思维,难以看到问题的多面性。

这位家长的情况反映了当前家庭教育中一个问题:家长们往往坚守着某些固有的教育观念,认为学习就是为了考试和成绩,而忽视了孩子综合素质和能力的培养。这种固化的思维限制了他们寻找更有效的教育方法的可能性。

然而,生活并非我们所想象的那样单一和固定。同样的问题,可以有多种不同的解决方案,而每种方案都可能带来截然不同的结果。就像这位家长,她原本对孩子的学习感到无力和失望,但在我的引导下,她开始意识到学习不仅仅是为了应对考试,更是为了培养孩子未来的综合素质和能力。

大多数人都生活在自己编织的思维茧里,难以看到外面的世界还有如此多的可能性和不一样的风景。我们需要打破这种固化思维,以更开放的心态去探索和学习。只有这样,我们才能为那些看似无解的问题找到新的答案,让难以

实现的事情变为现实。

家庭教育中总是面临各种各样的问题,父母要学会抓关键,才能更有效地教育孩子。

所谓"关键",在教育孩子的过程中有很多表现形式。下面,我们通过对上面案例的分析来探讨如何在与孩子的交流中捕捉关键点,并进行有效引导,从而更好地解决问题,达到预期的教育效果。

当孩子对父母期望他们做的事情表示不满时,我首先关注的不是他们认识的片面性,而是试图找到他们想法中的合理之处。也就是说,我不会直接与他们对抗或辩驳,而是先接受他们想法的合理性,然后按照他们的思路去帮助他们分析所需的条件。

例如,当有些孩子认为学习无用、不学习也可以时,我知道他们的理解还很浅显,并没有真正认识到学习的重要性。但我没有直接否认他们的观点,而是对他们谈论的关于学习的某些现象给予认同。这样做是为了让这些孩子感受到被理解,从而建立起初步的信任关系。

接下来,我会根据这些孩子对未来的设想,帮助他们进一步梳理实现这些设想的可行性。孩子可能会有学技术、找工作、做生意等想法,尽管这些目标还很模糊,但却是他们认为更

第六章 抓关键：找到触动孩子的机关，培养孩子不再难

可行的。在分析过程中，我会站在他们的角度去分析问题，让他们更认真地倾听，并容易接受和信服自己没想到的地方。这部分的关键在于帮助孩子们实现他们自己的愿望，而不是强加给他们别人的意愿，这样才能更好地得到孩子们的配合。

通过分析，孩子们会发现他们想要实现的目标同样需要学习才能实现。这样，他们就会对学习产生不一样的感受和认识。这里的关键在于将孩子们感兴趣的、梦想中的事情转化为他们能够做和愿意做的事情。当孩子们通过重新理解事情，有了新的想法和看法时，他们就会对当前的观念产生新的态度。

因此，在教育孩子的过程中，如果能够捕捉到关键点，并妥善处理这些关键信息，就能达到因势利导、借势而为的效果。当然，即使孩子们对学习的理解和态度发生了变化，让他们一下子转变行为、完全投入学校的学习中也不太现实。所以，在后续的辅导中，我会先尝试让他们开始了解或阅读一些关于商业、成长的信息和书籍等。在了解的过程中，他们可能会发现自己很多概念看不懂，需要比较多的知识基础。这时，我就会进一步引导他们认识到学习基础知识的重要性，同时一些人物奋斗的过程也会产生相关的激励作用。

同时，根据他们的个性和优势情况，我会先从他们比较擅长和感兴趣的学科入手，让他们感受到学习其实并不难，

建立起能学会的信心。然后,针对他们的学习情况,再补充一些适合他们的学习方法,让他们在个别学科和某些知识点上找到感觉,获得进步的成就感。

最后就是放大成果,以点带面。经过一段时间努力取得的效果和进步,孩子会进一步扩展到更多其他方面和更难的知识点。好的教育方式应该是顺水推舟、顺流而下,而不是强力扭转、强行改变。

6.2 抓住关键环节,打牢人生的底座

前面我们讲到,培养孩子有效的方法就是抓关键,而关键主要包括两个方面:一个是关键期,一个是关键点。要明白孩子的成长规律,了解成长的关键期是一个重要方法。按照不同关键期进行针对性的安排,比如关注各个年龄段的特点和需要重视的事项等。然而,大多数父母都只是按照自己的想象或从某些渠道获得的培养方法,就急于将孩子塑造成他们期望的样子,给孩子安排各种任务。但往往事倍功半,难以达到预期的效果。因此,如何正确认识并把握关键期及不同阶段的关键点就显得尤为重要。

6.2.1 幼儿阶段，关键点：安全和游戏

幼儿阶段是孩子成长的关键时期，其核心特征是安全与探索的平衡。在这个阶段，孩子主要通过玩耍和游戏来认识世界、发展自我。

父母在这个阶段的角色至关重要。一方面，他们需要为孩子提供一个安全、稳定的环境，满足孩子的基本生理需求，如饮食、睡眠等，以确保孩子身体健康成长。另一方面，父母还需要通过陪伴、关爱和积极反馈，帮助孩子建立安全感，形成积极的自我认知。

在满足孩子基本需求的同时，父母还应鼓励孩子自由探索。通过提供各种有趣的玩具和游戏，激发孩子的好奇心和创造力，让孩子在快乐的玩耍中学习和成长。这种自由探索不仅有助于培养孩子的认知能力，还有助于发展孩子的社交技能和情感表达能力。

此外，父母还需要注意自己的言行举止对孩子的影响。孩子在这个阶段非常注意父母对自己行为的反应，因此父母的积极评价和鼓励对孩子自信心的建立至关重要。同时，父母也应避免过度保护或限制孩子的行为，以免阻碍孩子的天性和天赋的发展。

6.2.2 小学阶段,关键点:能力和体验

小学阶段是孩子成长中至关重要的时期,其关键点在于基本能力的形成与对各种生活和社会事物的初步体验。

孩子步入小学,开始接受正式的学校教育,这标志着他们开始融入更广阔的社会环境,接受更多的规范和任务。这个阶段对于培养孩子的基础能力、形成良好习惯以及建立自我认知都至关重要。如果父母能够采取恰当的教育方法,孩子将逐渐获得真正的独立感和自主能力。

在这个阶段,父母需要在孩子的生活方式、学习方法和社交技能等方面进行正确的引导,应该关注孩子的兴趣爱好,鼓励孩子尝试不同的活动,以发现和发展他们的潜能。同时,父母也需要教给孩子一些基本的生活技能和学习方法,帮助孩子更好地适应学校生活和社会环境。

小学生的思维逻辑相对简单直接,他们难以理解过于复杂的事物。然而,他们充满好奇心和探索欲望,对各种新事物都表现出浓厚的兴趣。因此,父母和教育者应该充分利用游戏、实验等互动性强、趣味性高的教育方式,激发孩子的学习兴趣和积极性。

此外,保护孩子的好奇心也是这个阶段的重点之一。父

母应该鼓励孩子提出问题、寻找答案,并容忍他们在探索过程中可能出现的错误和失败。同时,父母也需要引导孩子正确使用电视、手机等新型工具,避免过度沉迷其中而影响学习和生活。

6.2.3 初中阶段,关键点:方法和思维

初中阶段是一个关键的发展时期,其核心在于方法和思维的培养。在这个阶段,孩子的逻辑和抽象思维能力得到了显著的提升,他们开始能够处理更复杂、更抽象的概念和问题。因此,这是一个教授孩子高级学习方法和思维技巧的理想时期。

然而,有的父母往往忽视了这一点,没有意识到孩子在这一阶段认知上的飞跃。他们可能仍然停留在简单的要求和命令上,没有提供足够的指导和支持。这样做是无法满足孩子真正的需求的,也难以帮助他们应对学习上的挑战。

因此,父母需要转变自己的角色,从单纯的要求者转变为孩子学习路上的引导者和支持者。父母需要深入了解孩子的学习困难和需求,提供具体的指导和帮助。同时,父母还需要与孩子进行深入的沟通和讨论,了解孩子的想法和感受,建立起良好的亲子关系。

有人说,初中阶段被称为"叛逆期"。其实,这并非真正的叛逆,而是孩子开始寻求独立、形成自我意识的自然表现。孩子开始对世界有了自己的理解和看法,不再盲目接受父母的观点。孩子渴望被尊重、被理解,希望有自己的空间和选择权。

面对这个阶段的孩子,父母需要调整自己的教育方式。首先,要给予孩子足够的尊重和理解,允许他们表达自己的意见和感受;其次,要采用鼓励和支持的方式,与孩子一起面对困难和挑战,培养他们的自信心和解决问题的能力;最后,要引导孩子正确理解竞争和合作的关系,明白只有与他人合作才能获得更大的成就和收益。

在具体做法上,父母可以让孩子参与家庭决策,培养孩子的责任感和合作精神;可以减少对孩子不良行为的过度反应,而更多地关注和表扬孩子的积极行为;可以鼓励孩子参加有益的社交活动,提高孩子的社交技能和自我认知;还可以引导孩子制订学习计划,掌握有效的学习方法,提高孩子的学习效率和自主学习能力。

6.2.4 高中阶段,关键点:独立和思考

进入高中阶段后,孩子心理上最突出的变化就是独立性

的显著增强。如果说在初中时期孩子的自我意识还处于萌芽和探索的状态，那么到了高中，孩子内心则会发出更加清晰而坚定的独立声音。

高中生在思想上和心理上已逐渐成熟，尽管在经济上可能仍依赖父母，但他们已基本上成为一个具有独立思考和决策能力的个体。他们的思维能力逐渐接近成人水平，能够深入探讨和理解重要事务，并展现出尊重他人、平等交流的意识。

这一阶段的孩子开始深入思考人生和社会中的重大问题，并形成自己的见解和观点。他们的思维具有一定的深度和广度，因此，家长在与他们交流时需要具备相应的知识背景和见识，才能有效地进行引导。

尽管高中生的思维能力有所提升，但他们在看待问题的全面性和处理复杂事物之间联系的能力上仍有所欠缺。因此，他们的观点有时可能显得深刻但偏激。在这种情况下，家长需要以理服人，通过摆事实、讲道理的方式引导他们，而不是简单地强加自己的观点或提出硬性要求。

为了更有效地帮助高中生，父母需要不断提升自己的认知水平和教育技巧。这包括了解孩子的兴趣爱好、学习方式和个性特点，以便为他们提供个性化的指导和支持。同时，父母还应该注重与孩子的情感沟通,建立亲密而信任的关系,这将有助于孩子更好地接受父母的建议和引导。

在教育过程中,信任和欣赏是两种至关重要的态度。无论采用何种教育方法,父母都应该始终保持对孩子的信任和欣赏。这将有助于增强孩子的自信心和自尊心,激发孩子的内在动力,促进孩子的全面发展。因此,父母在教育孩子时应该积极运用信任和欣赏的方式,而不是将其作为没有更好方法时的备选方案。

6.2.5　大学到社会的阶段,关键点:专业和方向

最后还有个关键期,希望也能引起父母的足够重视,那就是从大学阶段到初入社会工作的这段时期。多数父母可能会认为,孩子完成高中教育就意味着教育任务告一段落。然而,事实上,尽管大学阶段的孩子在生活上已经能够自立,但对于未来的方向和发展路径,孩子往往仍然感到迷茫和不确定。

我们不应将家庭教育仅仅局限于中学阶段,更不应将高中毕业视为一个终结点。现实中,有很多父母在孩子进入大学后,就减少了对孩子教育的投入。这可能是因为这些父母觉得孩子已经长大,性格和习惯已经定型,难以改变。另外,

孩子面临的问题可能超出了父母的能力范围,使得父母感到无能为力。

然而,如果我们能设身处地地站在孩子的角度来想,或者能看到孩子进一步发展的可能性,我们就会意识到,很多学生在进入大学、走向工作岗位,遇到关键的转折点时,如专业的选择、职业规划、事业发展等,都需要有人提供建议和支持。如果父母能在这些方面发挥积极作用,那将对孩子的成长产生深远的影响。

因此,我们需要扩展家庭教育的视野,将其看作是一个持续的过程,而不仅仅是某个阶段的任务。

为了更好地帮助孩子应对未来的挑战,父母需要不断提升自己的认知水平和教育能力。同时,父母也需要转变自己的角色,从单纯的教育者转变为孩子的伙伴和顾问,与孩子共同面对生活中的挑战和困难。

6.2.6 如何更好地理解和利用关键期

知道了关键期后,我们应该更加留心观察孩子在不同时期的发展状况。每个孩子都是独特的,我们要认识到不同孩子之间存在的差异。这些差异可能源于天赋、环境条件以及父母的教育方式等多种因素。在这种情况下,我们可以考虑为他们提供一些超出年龄阶段的挑战性和适宜的学习内容。

然而,我们需要注意的是,虽然少数孩子可能在某些学科或领域表现出超常的才能,但这并不意味着他们整体的心理发展也已经足够成熟。过早地将他们置于超越年龄的生活环境可能会带来一系列不利影响,如心理压力、社交隔阂等。因此,在决定是否进行超前教育时,我们需要全面评估孩子的各项能力,并谨慎权衡利弊。

最重要的是,我们不要过分迷信某些结论或定论。每个孩子的发展轨迹都是独特的,没有一种固定的教育模式可以适用于所有孩子。作为家长和教育者,我们应该尊重不同孩子的个体差异,按照他们更容易接受的方式和层次来提供指导和帮助。

6.3 不要把"不懂"和"忙"作为忽视家庭教育的借口

时代的进步让很多父母普遍拥有了较高的知识素养,使得他们能在孩子的学习上给予有效的支持。

然而,现实中仍有一些父母在教育孩子时感到力不从心,不懂学习原理,欠缺相关的教育能力。事实上,我在实践中发现,家庭教育虽然复杂,但并不意味着父母必须成为全能。即使不是某方面的专家,父母们依然可以学习和运用一些有效的教育方法来帮助孩子。让我们来看小V和她妈妈互动的这个案例。

> 小V坐在书桌前,眉头紧锁,看着眼前的语文课本和辅导书,感到一阵头痛。"这么多内容,我怎么可能学得完啊?"他抱怨道。
>
> 我走过去,轻轻拍了拍他的肩膀:"别担心,小V,我们一起来找找方法。"
>
> 我拿起他的辅导书,翻开了目录页。"你看,这里列出了语文学习的四大内容:阅读、写作、文言文和积累。我们先从这里入手,找出你目前最需要关注的部分。"
>
> 小V点了点头,跟着我一起分析起来。很快,他就发现阅读部分在考试中占比最大,而且也是他目前最感到困惑的部分。
>
> "好的,那我们就先从阅读开始。"我鼓励道,"你看,阅读又分为记叙文、议论文和说明文。你目前主要学的是记叙文,那我们就从这里入手。"

我们一起翻到了辅导书中关于记叙文的部分,但是小V发现这里的介绍并不详细,无法直接找到重点。我看着他有些失落的样子,笑了笑:"没关系,我们还有例题呢。通过分析例题,我们可以总结出一些常见的题型和解题方法。"

小V的眼睛亮了起来,他迫不及待地翻到了例题部分。我们一起仔细分析了几个典型的记叙文例题,并总结出了五种主要题型以及对应的解题方法。小V一边听一边记,脸上露出了恍然大悟的表情。

"原来如此!我终于知道该怎么学了!"他兴奋地说道。

我看着他满脸的笑容,心里也感到十分欣慰。只用了不到两个小时的时间,小V就对这本原本让他感到困惑的语文辅导书有了整体的把握,找到了学习的重点和方向。

后来,小V有幸得到了一位优秀语文老师的指导。在听完老师的讲解后,他兴奋地跑到我面前:"你知道吗?老师讲的很多内容就是我们之前总结出来的!"他的眼睛里闪烁着光芒,我知道他已经找到了学习语文的信心和动力。

第六章 抓关键：找到触动孩子的机关，培养孩子不再难

这个案例告诉我们，有时候学习并不需要盲目地死记硬背，而是需要找到一种适合自己的方法。通过引导和分析，我们可以帮助学生理清思路、找到重点，并培养他们自主学习的能力。这样的方法不仅适用于语文学习，也适用于其他任何一门学科的学习。希望每一个孩子都能在学习中找到属于自己的方法和乐趣！

许多父母都面临着一个共同的问题：工作繁忙，缺乏足够的时间和精力来教育孩子。让我们再来看一个案例。

> 想象一下这样的场景：孩子带着困惑来到爸爸身边，问道："爸爸，这道题怎么解？"而爸爸正忙于工作，只能匆匆回答："你怎么又不懂了，我现在很忙，等会儿再说。"

首先，我们要认识到"忙"并不总是客观不可改变的。有时候，"忙"只是一种借口，反映出父母对家庭教育的不重视或缺乏正确的方法。因此，我们需要对"忙"有更深入的理解和区分。

当然，我们也必须承认，在现代社会中，很多父母的忙碌是真实且无法避免的。但是，即使在这种情况下，家庭教育依然不是无解的难题。关键在于父母是否能够真正理解家庭教育的重要性，并掌握一些有效的方法来与孩子进行沟通和引导。

家庭教育并不需要占用大量的时间。它更多地体现在

质量而非数量。通过定期的沟通、分享和互动,父母可以在孩子的成长过程中发挥关键作用。这些沟通可以通过电话、微信等便捷的方式进行,无须专门腾出大块的时间。

因此,对于忙碌的家长来说,不要把"忙"作为忽视家庭教育的借口。相反,应该积极寻求解决方案,如学习有效的家庭教育方法、与孩子建立良好的沟通机制等。在家庭教育中,父母的角色是无可替代的。如果自己确实无法做到,可以考虑寻求专业的帮助,如家教或辅导机构等。

6.4 把握三个重要的理念,重新理解家庭教育

有一位家长提出了这样的困惑:我的孩子就是太听话了。我们安排什么,她就做什么,即使不愿意也会顺从。比如,我们一起出去玩时,我能看出她其实不想去,但只要我们一要求,她就会去。

我常常希望她能提出自己的观点,比如为什么不愿意去,或者她有什么别的选择。但她总是默默接受,不发表任何意见。

第六章 抓关键：找到触动孩子的机关，培养孩子不再难

在家庭教育中，父母们常常因孩子的性格而困惑。对于内向的孩子，父母们总觉得他们太沉默寡言；而对于外向的孩子，又会觉得他们过于活跃，无法专注。然而，每个孩子都有自己的个性特点，他们对待事情的方式各不相同，各有优劣。

对于这位家长的困惑，我提供了以下建议：

首先，了解孩子的性格对其行为的影响。不同性格的孩子在面对同一件事时会有不同的反应。当某事违背孩子的意愿时，外向的孩子可能会直接表达自己的想法或异议，而内向的孩子则可能选择顺从但内心并不认同。因此，父母需要理解并尊重孩子的个性差异。

其次，接纳并欣赏孩子的性格特点。每个孩子都有自己的独特之处，父母应该努力发掘并培养孩子的优势，而不是一味地按照自己的期望去塑造孩子。对于内向的孩子，可以鼓励他们通过绘画、写作等方式表达自己的想法；对于外向的孩子，则可以引导他们学会在适当的场合保持专注和安静。

再次，与孩子建立良好的沟通机制。父母可以启发孩子思考并表达自己的观点，比如问他们为什么不愿意做某事或提出自己的建议。态度要和蔼、耐心，营造宽松、自由的思考

氛围。这样可以帮助孩子逐渐学会独立思考和表达自己的想法。

最后，有意识地让孩子参与决策过程。在一些不是很重要或很紧急的事情上，可以让孩子做决定，让他们体会到自己做主的感觉。这有助于培养孩子的自信心和自主能力。

下面我来介绍三个关于家庭教育的理念，希望为父母们带来一些不一样的理解。

6.4.1 敬畏：将孩子视为我们的老师

在家庭教育中，一个至关重要的理念是：将孩子视为我们的老师。这听起来或许有些反直觉，但请让我为你解释。

想象一下，当你习惯性地做出一些不良行为，比如随地吐痰或乱扔垃圾时，你可能并不会在意旁人的眼光。然而，在孩子面前，你会不自觉地收敛这些行为。这是因为，你深知孩子的心灵如同一张白纸，他会无条件地模仿和学习你的行为。因此，在孩子面前，你成了一个被观察者，一个被学习的对象。

我并非北京人，但多年的北京生活让我自觉普通话还算可以。然而，每当我与孩子交流时，他总能敏锐地指出我的发音错误。这种对语言的敏感和严谨是孩子们独有的特质。

第六章 抓关键：找到触动孩子的机关，培养孩子不再难

这样的例子不胜枚举。孩子们总是充满好奇心，愿意提问和探索未知的世界。他们的想象力丰富而奇妙，不受现实和逻辑的限制。他们的行为和情感单纯而真实，没有成人世界的复杂和虚伪。这些特点难道不是我们曾经拥有，但在成长的过程中逐渐遗失的吗？

当孩子用疑惑的眼神问你"人活着是为了什么"时，你是否感到震惊？这个问题或许你一直在思考，但却总是回避和逃避。然而，现在你必须面对它，因为你需要给孩子一个答案。这个答案不仅关乎孩子的现在和未来，也关乎你自己的内心和生活。

在回答这个问题的过程中，你会发现自己重新找回了那些似乎已经失去的美好。你会重新相信未来并充满希望。更重要的是，你会意识到孩子们身上所蕴藏的无限可能性和潜力。

教育孩子的过程实际上是一个自我完善的过程。孩子们用自己的方式让我们重新认识自己，改变自己。如果我们不愿意改变，那么孩子就会反抗、不服从我们。当我们意识到自己的教育方式无效时，就应该勇敢地改变态度和方法。在这个过程中，孩子就是我们的老师和动力。

当我们以更有效、更理解孩子的方式与他们相处时，我

们会发现孩子变得如此优秀和可爱。他们的进步和成长是我们最大的欣慰和骄傲。

6.4.2 境界：培养孩子就是培养孩子做主人

在家庭教育中，我们需要思考一个重大问题：培养孩子的目标究竟是什么？我们常说，父母可以成为孩子的顾问，那么孩子呢？他们应该是自己生活的主人。尽管家庭教育的主导者是父母，他们负责设计和实施教育计划，但我们必须认识到，孩子才是这个过程中的真正主角。

然而，在现实中，父母们往往忽视了这一点，常常设想"我要他怎样，我必须让他怎样"，却忽略了孩子作为主体的需求和感受。

当然，孩子可能受到多种因素的影响，包括时间、生活、游戏、学习等。这些因素无论好坏，如果其中任何一个成为孩子的全部，那么他们就没有控制能力了。因此，我们的目标是培养孩子成为自己生活的主人，让他们具备自主决策的能力和权利。他们可以合理安排自己的时间，掌控自己的生活环境，专注于自己感兴趣的事物，享受生活的快乐。

然而，要实现这一目标，我们需要反思自己的教育方式。我们是否使用了"你必须听我的"这种高压政策？我们是否经常大吼大叫甚至打骂孩子？我们是否总是想为孩子安排好一切？如果是这样，那么我们就需要改变。

6.4.3 长远：家庭教育最重要的就是耐心

在家庭教育中，耐心是一项至关重要的品质。虽然这两个字看起来不起眼，但它们却蕴含着巨大的力量。耐心在家庭教育中有两层含义：一方面，它意味着我们在对待孩子时要保持平和的心态，不要急于求成，而是要给予孩子足够的时间和空间去成长和改变；另一方面，耐心也意味着我们需要从更长远的角度来审视和处理当前的问题，将家庭教育这项任务延伸到更远，甚至是一生。

在我多年的教育研究实践中，我深刻地体会到了耐心的重要性。有些方法和能力我们可能已经教给了孩子，感觉他们也掌握了。然而，经过几年的时间，我们可能会发现其中有一部分好像从未存在过一样。但这并不意味着我们的教育失败了，而是需要我们用更长远的目光去看待孩子的成长过程。

当我们把教育放到更长的时间节点中甚至是一辈子来考虑时，我们才能更好地知道应该用什么样的方法、更加重视哪些事情。同时，我们也能更加平和地面对孩子的成长和变化，给予他们足够的耐心和支持。

6.5 发现孩子世界中不一样的风景

孩子的世界与成人存在着天然的差异。在孩子的世界里,天真、幼稚是他们真实的情感表达和生活态度。有些我们认为不可能的幻想,对他们而言可能是崭新力量的源泉。只有真正走进孩子的世界,我们才能更好地维护他们的正向发展,保护他们的纯真与创造力。

我们都曾是孩子,但随着成长却往往遗忘了孩子的本真。现在,让我们调整视角,重新走进并理解孩子的世界吧。

6.5.1 孩子的世界是认真的

在孩子眼中,好与坏有着明确的界限,不容任何马虎和妥协。然而,这种认真的态度在不同引导和影响下可能会产生截然不同的结果。父母和教育者的责任在于正确引导孩子认识和理解世界的复杂性。

成年人明白现实世界中好与坏的界限往往并不清晰,但孩子对此的理解却截然不同。例如,当孩子看到电视中父亲对家庭不负责任的行为时,他们难以理解。因为在他们眼中,父母是完美的存在,不容任何一方破坏家庭的和谐与完美。

然而,正是这种认真的态度使得孩子在不同引导下可能走向截然相反的方向。如果父母能够正确引导和教育孩子,帮助他们理解事物的多面性和复杂性,那么孩子就有可能形成更加全面和客观的世界观。相反,如果父母盲目地鼓励孩子去抢占、去欺负别人,那么孩子就可能误入歧途,形成扭曲的价值观和行为模式。

因此,<u>教育在很大程度上不是简单地教育别人,而是提高自己</u>,要引导孩子了解事物的复杂性,培养孩子独立思考和判断的能力。这样才能确保教育的效果得以最大化实现。

6.5.2 孩子的世界是一个好奇的世界

> 在院子里,孩子拿着小铁锹翻起了妈妈种下的花。妈妈惊讶地说:"天哪,你怎么把这么漂亮的花都弄坏了?"孩子解释道:"我想看看土里的蚂蚁窝是什么样的。"

大多数成人已经失去了好奇心,他们更注重安全、实用,甚至不敢轻易冒险或付出没有把握的努力。但对孩子来说,世界充满了未知和可能性。他们积极地探索、发现,并享受其中的喜悦。这种勇于探索的精神正是人类不断前进的动力源泉。因此,父母应该小心维护孩子的好奇心,鼓励他们保持对事物的新鲜感和探索欲望。

当孩子提问时,我们应该耐心解答,引导他们深入探究;当孩子犯错时,我们应该正确对待,鼓励他们从中学习;当孩子取得成果时,我们应该给予肯定和鼓励,培养他们的自信心和自主能力。

6.5.3　孩子的世界是一个充满想象的世界

> 当孩子在看电视时听到主人公说出不雅之词时,他可能会好奇地问妈妈:"为什么大人也会说脏话啊?"面对这样的问题,妈妈可能会一时语塞,不知道该怎么回答。

成年人深知现实世界与完美相去甚远,理想常常难以实现。然而,孩子们却不同,他们内心构想的世界完美无瑕,一切都如此美好。这种对完美的理解,让孩子们在面对大多数情况时总能保持乐观的态度。但另一方面,这种观念也容易让他们觉得很多事情都是自然而然、无须努力就能解决。

与成年人相比,孩子们的逻辑分析能力较弱,也缺乏从现实生活中汲取的教训,因此他们对事物的认知往往不够全面。例如,在条件优越的家庭中成长的孩子,可能会认为财富是理所当然的,无须努力就能享受舒适生活,从而缺乏节约和奋斗的意识;而对于那些对学习缺乏兴趣的孩子来说,他们可能会觉得学习毫无用处。

因此,作为父母,我们需要认识到,成年人世界的很多逻辑和理由在孩子们眼中可能是难以触及或无法理解的。我们应该珍视孩子们的想象力,同时引导他们区分真正的理想与不切实际的行为。

为了实现孩子们心中的梦想,父母们需要从日常生活中的具体事情着手,让孩子们感受到即时的变化、收获与喜悦,而不是仅仅用成人的思维方式去告诫他们要努力、节俭、吃苦耐劳等。通过让孩子们亲身参与并体验生活与学习中的点滴进步与快乐,我们可以帮助他们建立起更加积极健康的人生观和价值观。

6.5.4 孩子的世界是一个美妙的世界

孩子认真、好奇,总是对周围的一切充满好奇和探索的欲望。这些特质不仅是他们天真无邪的表现,也是人类创造力和进步的源泉。

然而,随着我们长大成人,经历了现实的磨砺和世俗的洗礼，我们似乎逐渐失去了这份纯真与想象。我们开始被各种琐事和利益所困扰，忘记了曾经拥有的那份简单和快乐。我们渐渐变得成熟稳重，却也失去了内心深处的那份柔软和敏感。

相比之下，孩子们的世界显得如此纯粹和美好。他们不受现实束缚，敢于梦想，敢于探索未知。他们的世界充满了无限的可能性和创造力，仿佛一切都可以被他们想象成美好的样子。

在某种程度上，孩子们的世界向我们展示了一个更加纯净、更加美好的世界。在这个世界里，我们可以找回曾经失去的那份纯真与想象，重新感受生活的美好和乐趣。通过与孩子们的交流和互动，我们可以重新点燃内心的激情和创造力，让生活变得更加丰富多彩。

第七章

筑远见：看到未来，让孩子具备走向社会的能力

——看到远方，当前的问题就能轻松解决！

在家庭教育中，我常常发现这样一个现象：父母们在教育孩子时，往往过于关注孩子本身的问题和错误，并试图仅凭自己的力量去纠正。然而，他们并没有充分意识到外部环境和他人对孩子成长的重要影响。

当孩子从学校毕业，家长们又常常急于为孩子寻找各种社会关系。这种寻求人际帮助的意识并非不可取，只是大多数人在运用时方法过于简单，甚至采取了错误的方式。

如何有效利用这些外部条件，同时又能培养孩子的独立性，这需要我们对人生有更深刻的理解。

在心理学中,有自我决定理论、社会认知理论和生态系统理论。

自我决定理论认为,个体的内在动机、个性和环境因素共同作用于其发展过程。意愿可以被看作是一种内在动机,而个性则影响个体如何响应环境和追求目标。

社会认知理论强调个体、行为和环境之间的三元交互作用。在这种视角下,人的发展过程是个体特质(如个性)与环境因素(如社会支持、机会)相互作用的结果。

生态系统理论强调个体发展嵌套在一系列相互影响的环境系统中。从这一角度看,个体的发展不仅取决于内部因素,还受到家庭、社区、文化等外部环境的影响。

我经过总结和梳理,提炼出五大要素,如下图所示。

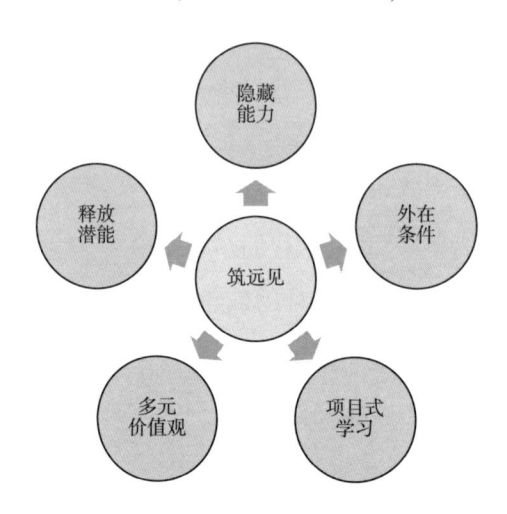

第七章 筑远见：看到未来，让孩子具备走向社会的能力

7.1 看到隐藏能力，孩子也能解决人生的难题

> 小 X 现在读初三，因为成绩不好，学校建议他考虑去职业学校，这让他的家人非常担忧。对于一个初中的孩子来说，要选择自己未来的人生方向确实是很困难的，尤其是在看到家人的担忧后，小 X 更加感到迷茫和无助。

后来，小 X 的父母找到我，希望我能和孩子聊聊。在我和小 X 的交流中，我了解到他其实对动漫和电子商务很感兴趣。于是，我鼓励他勇敢地追求自己的梦想，不要被成绩所束缚。同时，我也给他提供了一些建议，帮助他了解如何选择合适的学校和专业。

与小 X 的交流结束后，他似乎找到了新的方向。他回去后花了两天时间思考和查阅资料。当他再次跟家人沟通时，他坚定地告诉家人，自己已经选好了专业和学校。这让他的家人感到非常意外和高兴，他们看到了孩子眼中的自信和决心。

其实,和孩子们交流时,我们并不需要太多复杂的技巧,关键是要给他们希望和方法,让他们看到自己的未来有更多的可能性。同时,我们也要尊重他们的选择和决定,支持他们勇敢地去追求自己的梦想。

小X最终选择了电子商务作为自己的专业方向。虽然他的成绩并不理想,但我相信只要他对自己的梦想充满信心和希望,他就一定能够克服一切困难,走出一条属于自己的道路。

在与孩子的交流中,我们不仅要给予他们关心和支持,更要教会他们如何为自己的决定负责,如何勇敢地面对未来的挑战。只有这样,他们才能真正地成长和进步。

7.2 普通家庭可以提供的外援,进入社会不能靠单打独斗

我,作为一名报社的工作者、一名导演、一位父亲,尽管在工作上有所成就,但在面对孩子的教育时,常常感到无力与困惑。

第七章 筑远见：看到未来，让孩子具备走向社会的能力

> 我向亲戚、银行借了很多钱，买了一处学区房，只为孩子能进入一所好的幼儿园，再进入一所优质的小学。我希望这样能为她打下良好的基础，以便未来能顺利考入一所好的初中。然而，事情并未按照我的期望发展，孩子的学习成绩并不理想。后来，我给孩子又针对各科请了一对一的家教，只为她能上一所好的高中。但孩子似乎对此并不领情，她并不愿意为了学习而占用自己的休息和娱乐时间。

我们明白，为孩子创造更好的条件是每个家长的愿望。我们努力工作，为孩子提供更好的营养，报名参加各种培训班，选择我们认为最好的学校。然而，我们也必须认识到，这些外部条件并不是决定孩子成功的唯一因素，甚至可能不是最重要的因素。

事实上，我们可能已经陷入了过度追求外部条件的误区。我们盲目地为孩子报名参加各种培训班，追求所谓的"名校效应"，却忽略了孩子的真正需求和兴趣。我们应该明白，每个孩子都是独一无二的，他们有自己的兴趣和特点，有自己的成长节奏。我们需要尊重孩子的个性和需求，而不是一味地追求我们认为的"最好"。

因此，作为家长，我们需要重新审视我们的教育观念和

行为。我们需要更加关注孩子的身心健康和全面发展,更加关注孩子的兴趣和特点,选择适合他们的教育方式。我们需要明白,教育的真正意义在于培养孩子的独立思考能力、创新精神和责任感等品质,而不仅仅是追求高分和名校。

总的来说,家庭教育是一个长期且复杂的过程,需要我们家长付出极大的耐心和努力。我们需要与孩子共同成长,共同学习,共同探索这个世界。

7.2.1 该为孩子创造什么样的条件

真正的家庭教育并不仅仅在于追求社会资源等外部条件,而是要关注孩子的成长需求,尊重他们的个性,并为他们提供独立思考、自主学习的机会。我们应该去创造那些与孩子目标与追求相关或一致的条件,同时,更重要的是还要培养孩子利用甚至改变外部条件的能力。

当孩子具备了利用各种条件的能力时,无论面对怎样的条件,他们都能够实现良好的发展。让我们来看一个故事。

> 有一位英语教育专家,他有一个女儿。尽管他的物质条件优越,但他并没有为女儿追求高端的教育资源。相反,

第七章 筑远见：看到未来，让孩子具备走向社会的能力

> 他选择了离家近的打工子弟学校。尽管这类学校的硬件条件普遍较弱，但他更看重培养女儿的自觉性和自主学习能力。
>
> 这位专家的女儿在学校表现优秀，不仅成绩出色，还利用在校时间发展兴趣爱好。初中毕业时，她突然产生了去国外读高中的想法。她凭借自己的努力和独立性，不仅自行选择了学校，还成功突破了申请程序的正常要求，最终获得了国外五所优秀高中的录取资格。

这个故事告诉我们，我们需要将外在条件和孩子自身的内在成长状况结合起来考虑，而不是单纯地希望依赖外部力量一劳永逸地解决问题。

更重要的是，我们应该教会孩子适应和利用外在条件的能力，因为这种能力远比条件本身更加重要。许多家长往往过于关注孩子的学业成绩和外部条件，却忽略了培养他们的自信心、创新能力和责任感等更为重要的素质。

我们不应该把孩子当作实现自己未竟梦想的替代品。每个孩子都有自己的梦想和追求，我们应该尊重并支持他们追求自己的理想。同时，我们需要了解社会的发展趋势，为孩子提供适应未来发展的指导和支持。

7.2.2 如何让孩子在社会中生存

我们正生活在一个快节奏、充满竞争的时代。不过,大家有没有发现,真正的竞争其实并不仅仅是打败别人、赢得胜利那么简单。很多时候,合作与共赢才是现代社会中更为重要的竞争方式。

想象一下,如果我们都只想着怎么打败对方,那最终可能会孤独无助,甚至四面树敌。但真正的聪明人会懂得尊重别人,发挥自己的特长,建立起自己独特的优势。这样,我们不仅能够在竞争中脱颖而出,还能享受到与人相处的乐趣。

作为父母,我们总是担心孩子能不能抢占到最好的资源。但其实,更重要的是培养他们的综合素质和能力。当我们把关注点放在孩子的内心成长和心态建设上时,我们就会发现,他们在未来一定能够取得自己的成就。

家长们,不要太过焦虑,也不要把错误的竞争观念传递给孩子。我们应该用更亲切、更温暖的方式去引导他们,让他们懂得合作的重要性,学会在竞争中保持平和的心态。

除了关注外在条件,我们还要努力突破局限,尝试新的教育方法。多和孩子沟通交流,了解他们的内心世界,帮助他们建立正确的人生观和价值观。这样,我们的孩子才能在这个充满竞争的社会中健康成长,取得属于自己的成功。

7.2.3 如何培养内在条件

家庭教育的真谛,其实就在于培养孩子的内在品质,为他们营造一个有助于心灵成长的环境。

然而,家长们总是急于给孩子提供更多的外部资源。当然,有外部资源是好事,但物质条件和家庭背景等往往是可遇而不可求的。那么,我们还能怎样为孩子创造更好的条件和环境呢?

在实践中我发现,其实很多情况下,对孩子来说,如果有个关键时刻的引路人,就会对他们产生很大的影响。所以,有效的外部环境其实可以简单到一个人或某几个人。父母如果有了这种意识,复杂的环境资源问题就会变得简单。

这个引路人或指导者能随时帮助孩子分析和商议,可以是父母自己,他们能成为孩子成长的重要保障;也可以是其他重要的人,比如能让孩子佩服、愿意与其交流的人,或者某个了解孩子情况的实战人士、专家等。

我们常常有这样的体会:同样的话,父母怎么说都感觉不管用,而孩子从别处听到或看到,却会非常重视。比如老师的话,或者电影、某些书籍、资讯里的观点。

我建立了一个父母群,帮助父母们创造一个交流的环境,让父母们能够实时讨论各种教育问题。如果您有兴趣,可以添加封面上我的微信加入我们的讨论群。

7.3 项目式学习,没有充分的条件,也能让孩子体验社会

学习的本质,其实就是让我们学到的知识能够在生活和工作中派上用场。但是,现在很多学生的学习方式,主要是做题和解题,虽然这样能考出好成绩,但却很难让我们真正掌握实际应用的技能。

为了解决这个问题,有人提出了一种新的学习方式:项目式学习。在这种学习方式中,学生不再是被动地听老师讲课,而是要自己主动去找资料、思考问题,并且还要和同学们一起交流。老师的角色变了,他们不再是单纯传授知识的人,而是变成了帮助学生解决问题、提供指导的人。

首先,它能让学生真正参与到项目中,从头到尾体验整个过程。比如,我们可以选一个"房子"的主题,然后研究房子的各个方面——它是怎么建的、用什么材料、有什么功能

等。其次,项目式学习还能培养学生的创新精神和合作意识。因为在这个过程中,学生需要自己动脑筋、想办法,还要和同学们一起配合,才能完成任务。这样一来,学生的能力就会得到全面的提升。

从这个角度来看,项目式学习确实是一种很好的教育方式,如果家长们也想让孩子试试这种方式,可以在家里组织一些小项目,让孩子在实践中学习。

比如下面这些锻炼方式也比较可行。父母可以与孩子一起玩一些游戏,比如"开公司"游戏、"经营商店"游戏等。这些游戏可以随着孩子的年龄增长而变得更加复杂。在游戏中,孩子不仅能够体验到乐趣,还能学习到各种知识和技能。

对于年龄稍大的孩子,如小学高年级或初中生,父母可以有意识地让他们参与一些家庭事件的安排。比如,每年安排一两次家庭旅行,让孩子来负责整个行程的规划和实施。这样既能培养孩子的独立能力,又能让他们在实践中学习到各种生活技能。

再比如,在准备美食的过程中,父母可以和孩子一起研究不同菜系的烹饪方法和风味特点;在穿着方面,父母可以引导孩子关注服装的色彩搭配和流行趋势,提高孩子的审美能力;家庭生活环境的布置和装饰也是一个很好的教育契机,父母可以与孩子一起讨论如何合理规划空间、选择家具和装饰品等。这样的活动既能让孩子发挥自己的创造力,又能让他们学习到室内设计和生活美学等方面的知识。

7.4 父母"活明白"了,孩子的事情可以迎刃而解

价值观是我们行为的指南,帮助我们判断是非,做出生活中的重要决策。在家庭教育中,它决定了我们如何引导孩子,并定义他们的成功。

然而,我们常陷入单一价值观的误区:对于成人,过分看重金钱;对于孩子,则只关注学习成绩。这种狭隘的焦点忽视了人的多面性,如性格、兴趣、天赋和其他非学术技能。

问题不在于金钱或成绩本身,而是我们对其的过分依赖和片面理解。我们需要一个更全面、更平衡的价值观体系,这不仅要认识到金钱和成绩的重要性,还要重视人的情感、道德、创造力和社交能力等方面。

单一价值观导致我们用简化的标准来评价和要求孩子,这可能会忽略他们的个性和潜力。为了孩子的全面发展,我们需要拥抱多元化的价值观,鼓励他们探索不同的兴趣和技

能,培养他们的批判性思维和解决问题的能力。

价值观,这个词汇或许有些抽象。我们可以将其替换为一系列的关键词,如正义、诚信、自由、责任、友善、幸福、理想、快乐和自我实现等。这些关键词代表了我们心中的各种追求和理念,它们之间并无绝对的优先顺序,而是相互交织、互为补充。

拥有多元化价值观意味着我们能够看到世界的丰富多样性,能够理解和尊重不同的观点和选择。这种价值观不仅能够帮助我们更全面地认识自己和他人,还能够激发我们的创造力和创新精神,推动我们不断追求进步和发展。

多元化价值观意味着我们可以认识和接受新时代各种不同的生活方式和个性化追求。生活不是独木桥,人生也不是必须遵循的固定剧本。我们应该尊重差异,理解每个孩子的独特特点和追求,并以开放与包容的态度,从更长远的角度去规划孩子的未来。

我们需要意识到,孩子的成长和发展不是一条固定的线路,而是充满无限可能性的探险。在这个过程中,我们需要关注孩子的多个方面,包括他们的兴趣、才能、情感和社交能力等。只有这样,父母才能真正了解和支持孩子,帮助他们发现自己的潜力和价值。

同时,我们也需要不断反思和调整自己的价值观。这种自我觉察和成长的过程不仅能够帮助我们更好地应对生活中的挑战,还能够为我们提供指导和支持孩子的坚实基础。

总之,通过培养一种全面、平衡和开放的价值观体系,我们能够看到更多的可能性,拥有更宽广的视野和更丰富的人生体验。这不仅是对自己的提升,也是对孩子最好的教育和支持。

7.5　释放潜能,让孩子的未来有无限可能

在快速变化的社会中,如何有效地培养孩子以应对未来挑战,同时确保他们过上有意义且自主的人生,是众多父母关注的焦点。随着科技进步和物质生活的丰富,人们对教育的期望日益提高。

这就需要我们重新审视教育方式和标准,注重培养孩子的创新、创意、灵感、自由、智慧和合作等能力。

所以,我们在教育孩子时,可以从自身经历和感悟出发,深入思考自己的期待和孩子的成长过程。通过这种方式,我们可以更自然地找到与孩子相处和帮助他们成长的有效方法。这不仅能增进亲子关系,还能让孩子在成长过程中感受到更多的理解和支持。

第七章 筑远见：看到未来，让孩子具备走向社会的能力

同时，我们应该认识到，每个孩子都是独特的个体，他们有自己的兴趣、特长和梦想。因此，在教育过程中，我们需要尊重孩子的个性，发现并培养他们的潜力和兴趣，而不是盲目追求眼前的利益或成绩。

> 记得小时候，生活充满了快乐，每天我都可以尽情地玩耍，无拘无束。但那时也有着各种困惑和恐惧。每天上学，我总是懵懵懂懂，听课的过程中也总是一知半解。
>
> 有时候，我能快速地跟上老师的节奏，这让我感到欣喜。但有时候，被老师不屑的眼神扫一下，我就会感到恐慌，不知所措。遇到严厉的老师，尤其是那些似乎讨厌我的老师，我总是不明白为什么他们对我如此严厉。我总是觉得自己达不到他们的期望，却又无法找出自己的不足之处。在他们的眼里，我或许就是个学习进步缓慢的孩子。
>
> 那时候，我很难理解老师那种"恨铁不成钢"的心情，也无法体会他们"孺子不可教也"的无奈。然而，遇到宽容的、甚至欣赏我的老师时，我会感到无比高兴和幸福。但即便如此，我也常常难以达到他们的期望。他们对我独特的关照，也并没有让我达到更理想的状态。
>
> 父母的爱是复杂的。有时候，他们对我无限的温暖和

关爱让我感到无比舒适和幸福；但有时候,他们突然的变脸和斥责又会让我感到十分疑惑和恐惧。我不明白为什么他们会在短时间内情绪会发生如此大的变化,也不清楚自己做错了什么会让他们如此生气。

有时候,我会想,如果有一个更理解我、更懂我的父母在重要的事情上给我有效的高水平的指导,那该有多好啊！但无论如何,我都会感恩我的父母。因为他们在我成长的过程中付出了很多努力和关爱。

随着岁月的流逝,我逐渐长大。突然有一天,我开始意识到自己需要做些什么、能够做好什么。但有些时候,我也会感到十分无奈。因为自己的力量很弱小,很多事情都无法做到；而自己的某些境遇也难以改变。但即便如此,我也依然相信未来会更好。

每个人都是这样——在悲与喜、自负与自卑、希望与失望之间反复徘徊；但每个人也都有属于自己的愿望和追求——努力找到与自己共鸣的人、找到发挥自己才能的空间就是最美好的事情了。

通过反省和思考自己的经历和情感以及所得与所失,我们就能更好地理解自己,从而更好地理解孩子。因为孩子和我们

第七章 筑远见：看到未来，让孩子具备走向社会的能力

一样——在某些方面可能比我们强，而在某些方面可能不如我们；但无论如何我们都希望他们能更快乐、更幸福并更好地发挥自己的潜能；而这正是所有父母共同的目标和期望！

试想一下，我们在什么环境下能更积极、幸福并充满干劲呢？这个环境应该是一个如我们所愿，过程中被人信任且有人良好协助的环境。在这样的环境下，我们的想法能够得到认同，我们的失误能够获得理解，并且在关键时候有人为我们指引方向，我们不会被强迫和催促，最终的决定权都把握在我们手中。

我们换位思考一下，就应该知道该为孩子创造什么样的环境。

如果父母提供的是水，是氧气，是食物，那么孩子这条鱼怎么游，游向哪里，本质上都应该是他自己的决定。我们的义务是告诉他哪里有陷阱，哪里有暗礁，而无法决定他自己的理解和目标。人是多面的，在人生和社会中也有多种可能。有时候孩子那些看似不务正业、不靠谱的思想行为可能蕴藏着某一种巨大的特长和潜力。这也意味着，我们一直以为正确的观念和想法并不等同于完全没问题。

以学习为例，我相信有百分之九十以上的家长最关心的仍然是学习。事实上，对学历的崇拜、对稳定的执着以及对

金钱的渴望都只是生活的一部分,并非全部。我们还需看到善良真诚的可贵、爱人及人的美好、洒脱的自我实现以及将不可能变为可能等更多可以构成美好生活的要素。

不同的人适合不同的生活方式,有的人适合平稳的环境,而有的人则适合不断冒险和拼搏。每种选择只要符合自身便是好的选择,这需要父母拥有判断的能力和更宽广的视野。我们有太多时候需要跳出自己的小圈子,去看看更远处的风景,去体验更多不一样的世界。只有这样,我们才会明白这个世界是多姿多彩的,我们的焦虑、纠结和困惑都只是被眼前的假象所遮蔽而已。

我相信人人都是人才,完全有可能把每个孩子的潜能发挥出来,让他们成为自己想要的样子,并实现自己希望的结果。要达到这样的状态,显然需要我们对人和人生有更深的认识、更宽的视野和更高的高度才能帮助孩子真正发挥出来。

当我们能够对生活和社会有更好的理解和心态时,我们就能更好地帮助孩子,帮助他们扫除障碍,并给予他们空间和时间等待他们慢慢成长。通过对自己的感悟和思考,我们就能更好地理解孩子并满足他们的需要。当我们能够真正理解孩子时,他们就会释放出无限的潜能。